# La Matrix, Manual De Usuario

## Entrenando la Flexibilidad Psicológica en tres pasos por medio de la Terapia de Aceptación y Compromiso –ACT–

**Fabián O. Olaz**

Fundación Centro Integral de Psicoterapias Contextuales (CIPCO)
Facultad de Psicología, Universidad Nacional de Córdoba, Argentina.

**Kevin Polk**

The ACT Matrix Academy, Augusta ME, EEUU.

Revisor de estilo: Patricio Vergara Nelson

Ilustraciones: Lucía Reynoso

Editorial Brujas

*Título: La Matrix, Manual De Usuario. Entrenando la Flexibilidad Psicológica en tres pasos por medio de la Terapia de Aceptación y Compromiso -ACT-*

*Autores: Fabián O. Olaz, Kevin Polk*

Olaz, Fabián
  La Matrix, manual de usuario : entrenando la flexibilidad psicológica en tres pasos por medio de la Terapia de Aceptación y Compromiso - ACT / Fabián Olaz ; Kevin Polk ; ilustrado por Lucía Reynoso. - 1a ed. - Córdoba : Brujas, 2021.
  236 p. : il. ; 23 x 15 cm.

  1. Psicología. 2. Terapias. I. Polk, Kevin. II. Reynoso, Lucía, ilus. III. Título. CDD 150.2

www.editorialbrujas.com.ar  publicaciones@editorialbrujas.com.ar
Tel/fax: (0351) 4606044 / 4691616– Pasaje España 1486 Córdoba–Argentina.

*"El modelo de flexibilidad psicológica que potencia la Terapia de Aceptación y Compromiso es profundo en sus implicaciones y sofisticado en sus raíces científicas básicas, pero eso no significa que necesite ser complejo en su explicación. Este nuevo libro de uno de los líderes de la comunidad hispanohablante de ACT muestra cómo una de las herramientas más sencillas del kit de herramientas de ACT, la Matrix, puede utilizarse para comenzar a practicar con el modelo de flexibilidad psicológica y con ACT en el trabajo clínico, sin perder contacto con la ciencia sofisticada que se encuentra en su base ni sus implicaciones transformacionales para el cambio psicológico."*

**–Steven C. Hayes, Ph.D.** *Foundation Professor of Psychology, University of Nevada, Reno. Creador de ACT y autor de Una mente liberada.*

*"En esta brillante guía para entrenar la Flexibilidad Psicológica, los Dres. Olaz y Polk escriben desde su corazón para lograr algo que nunca antes se había hecho: relacionar los conceptos del modelo ACT-Matrix con la teoría del marco relacional de una manera simple y comprensible. Lleno de explicaciones conceptualmente claras, ejemplos clínicos ilustrativos y ejercicios impactantes, este libro brindará a cualquier terapeuta, sin importar su orientación teórica, herramientas innovadoras para mejorar en gran medida no solo sus intervenciones terapéuticas, sino también su vida personal".*

**–Mavis Tsai, Ph.D.** *Investigadora, profesora y entrenadora clínica, Universidad de Washington. Cocreadora de FAP y coautora de Una guía para la psicoterapia analítica funcional: conciencia, coraje, amor y conductismo.*

*"¿Quién dice que aprender intervenciones clínicas basadas en principios no puede ser divertido? Con Fabián Olaz a la cabeza, podemos estar seguros de que nuestro aprendizaje será práctico, clínicamente sofisticado, basado en la ciencia, divertido y lleno de corazón. ¡Tal es el caso de La Matrix, Manual de Usuario! Realmente recomiendo este libro a todas las personas que son nuevas en ACT y la Matrix, y también a aquellos que desean profundizar tanto en los principios científicos que subyacen a la Matrix como en aquellos que subyacen al trabajo psicoterapéutico eficaz."*

**–Jonathan Kanter, PhD.** *Director, Center for the Science of Social Connection. University of Washington y coautor de Functional Analytic Psychotherapy: Distinctive Features.*

*"Fabián Olaz es uno de los pocos profesionales de la salud mental que conozco que está genuinamente comprometido con vivir su vida de acuerdo con los principios que guían su trabajo como terapeuta y formador. Esta cualidad se expresa en su amable y humilde espontaneidad cuando interactúa con clientes y alumnos, lo que le ayuda a integrar naturalmente ideas complejas y abstractas con experiencias simples y conmovedoras. La lectura de este libro les dará una experiencia fluida de integración similar y mejorará su experiencia clínica sin que sientan que necesitan cambiar algo en ustedes".*

**–Matthieu Villatte, PhD.** *Assistant Professor, Department of Counseling and Health Psychology, Bastyr University. Autor de Mastering the Clinical Conversation.*

*"Conocí a Fabián Olaz cuando tuve la oportunidad de dar el primer taller de ACT Matrix en Argentina, allá por 2012. Fabián era este tipo en la primera fila que seguía diciendo "Tengo una pregunta más". Amo a los participantes que tienen una pregunta más. Hice todo lo posible para responder a las preguntas de Fabi y pronto desarrollamos una relación personal y profesional más profunda. De estudiante de Matrix, Fabi pronto se convirtió en un maestro por derecho propio. En este libro pionero, él y Kevin Polk responden muchas de las preguntas que los profesionales pueden tener cuando se encuentran por primera vez con la ACT-Matrix, sin duda la forma más simple y posiblemente más efectiva de implementar ACT en diferentes entornos y poblaciones. Fabi es un tipo profundo y en este libro, él y Kevin profundizan en los fundamentos teóricos de la Matrix para descubrir sus raíces en los procesos conductuales básicos y la teoría del marco relacional. Prepárate para una sorpresa".*

**– Benjamin Schoendorff,** *MA, MSc. Fundador y CEO del Contextual Psychology Institute, en Montreal. Autor de The Essential Guide to the ACT Matrix.*

*Para  Ga, Male y Pía, mis compañeras de viaje.*
*Nada me pertenece, todo se lo debo a ellas.*
*Para mis estudiantes, quienes me sostienen*
*con su curiosidad, y me enseñan cada día*
*la importancia de no entender.*
*Para mi amigo y hermano, Benji Schoendorff*
*Para Georgi D.M., quien me enseñó que la terapia*
*no se trata de subrayar un libro,*
*sino de aprender a subrayar*
*FABI.*

*Este libro está dedicado a Mary Alyce, mi querida*
*esposa y mejor amiga.*
*KEVIN.*

# Índice

# Información sobre los autores

**Fabián O. Olaz**

Es Doctor en Psicología y Psicólogo Clínico desde hace 15 años. Realizó sus estudios postdoctorales en el Grupo Análisis Experimental y Aplicado del Comportamiento (AEAC) en la Universidad de Almería, bajo la supervisión de la Dra. Carmen Luciano. Profesor Titular de Clínica Psicológica y Psicoterapias, Investigador y Director del Laboratorio de Comportamiento Interpersonal en la Facultad de Psicología de la Universidad Nacional de Córdoba. Miembro de la ACBS, y representante para Argentina de la Asociación Psicológica Iberoamericana de Clínica y de la Salud. Es Associate Scientist del Center of Social Connection, Universidad de Washington, bajo la dirección de Jonathan Kanter, Phd. Psicoterapeuta ACT y FAP, trabaja especialmente con consultantes con problemas interpersonales severos. Es Peer Reviewed ACT Trainer por la ACBS y entrenador certificado en FAP (Psicoterapia Analítico Funcional) por la Universidad de Washington. Más de 3.000 personas han participado de sus workshops y entrenamientos alrededor del mundo. Es presidente de la Fundación CIPCO (Centro Integral de Psicoterapias Contextuales) en Córdoba, Argentina. Autor del libro "The Essential Guide to the ACT Matrix: A Step-by-Step Approach to Using the ACT Matrix Model in Clinical Practice", editado y publicado por New Harbinger, Oakland, CA.

## Kevin Polk

Es Doctor en Filosofía y Psicólogo Clínico desde hace 25 años. Ha trabajado activamente con veteranos de guerra y otras poblaciones en el abordaje del trauma psicológico. Durante los pasados 11 años se ha dedicado a especializarse en Terapia de Aceptación y Compromiso (ACT), su filosofía y teoría, y en el diseño de intervenciones basadas en este modelo. Miembro de la ACBS  y creador de la ACT Matrix Academy. Kevin es reconocido en el mundo como uno de los creadores del modelo ACT Matrix. Es también el creador de un protocolo específico de entrenamiento del comportamiento prosocial, como parte de un proyecto desarrollado junto a Steve Hayes, Tony Biglan, David Sloan Wilson y otros. Dicta al menos 10 workshops alrededor del mundo y un promedio de 40 webinars por año. Apasionado por entrenar a clínicos en la utilización de la Matrix y reconocido por su buen humor y pedagogía. Autor de los libros "The ACT Matrix: A New Approach to Building Psychological Flexibility Across Settings and Populations" y "The Essential Guide to the ACT Matrix: A Step-by-Step Approach to Using the ACT Matrix Model in Clinical Practice", editados y publicados por New Harbinger, Oakland, CA.

# Carta de presentación de la Colección

**Estimado Lector:**

Te damos la bienvenida a nuestra colección de libros *Latinoamérica Contextual*, una colección dedicada a la difusión de las denominadas "Terapias Comportamentales Contextuales", también conocidas como "Terapias de Conducta de Tercera Generación". Nuestra colección forma parte de un ambicioso proyecto de trabajo conjunto, guiado por nuestro compromiso con la difusión de estos modelos en Latinoamérica.

Luego de diversas reuniones mantenidas en congresos especializados en estas terapias, pudimos coincidir en preocupaciones relacionadas con los factores que afectan su crecimiento a nivel regional y la necesidad de instituir una red, que permitiese mejorar la calidad en la formación, difusión e investigación sobre ellas y que considere las particularidades lingüísticas y culturales de nuestra región. Entre los obstáculos fundamentales para el crecimiento de estos modelos de terapia de conducta a nivel regional, se destacó la falta de bibliografía especializada y de calidad en los idiomas propios de nuestra región, lo que también afecta el entrenamiento de nuestros profesionales, por carecer de literatura idónea. A partir de esta demanda, se planteó la necesidad de contar con este material, escrito por representantes internacionales de los modelos junto a representantes locales, de forma tal que se pudiera atender al mismo tiempo a la integridad de los modelos clínicos a que se refieren y a las características únicas de la región.

Estos factores confluyeron en la fundación de la red editorial latinoamericana de Terapias Comportamentales Contextuales *Latinoamérica Contextual*, cuyo propósito es la producción de literatura local, de bajo costo y que considere las particularidades lingüísticas y culturales de nuestra región.

Este volumen es parte de una serie continua que incluirá, además, otros lanzamientos sobre Terapia de Aceptación y Compromiso, Terapia Dialéctico Comportamental, Contextualismo Funcional y Teoría de los Marcos Relacionales, Terapia Integrativa Conductual de Pareja, Activación Comportamental y otros lanzamientos, que intentarán responder a la creciente demanda de literatura local. Todos los ejemplares cumplirán con los siguientes criterios de calidad:

Serán escritos por un autor representativo del modelo a nivel internacional y por un autor representativo en Latinoamérica.

Cada ejemplar parte de una revisión bibliográfica exhaustiva, de forma tal que su contenido sea acorde y consistente con el conocimiento de la comunidad científica al momento de ser escrito.

Cada ejemplar incluirá no sólo aspectos teóricos, sino también guías prácticas y sugerencias para hacer frente a los obstáculos que aparecerán inevitablemente en la práctica clínica.

El contenido de cada volumen no será redundante con otros volúmenes de la misma colección.

Serán escritos de forma amigable y, a la vez, rigurosa.

Nos enorgullece presentarte este ejemplar, esperando que sea de suma utilidad en tu práctica clínica y en el aprendizaje de estos modelos. Esperamos de verdad, que el mismo contribuya a desarrollar una Ciencia Conductual Contextual (CBS, por sus siglas en inglés) sensible a las características culturales de Latinoamérica y promueva su desarrollo de una forma profesional y adecuada a las necesidades humanas y de nuestro planeta.

Dr. Fabián O. Olaz
Dr. Michel A. Reyes Ortega
**Directores de la Colección**

# Agradecimientos

Fabián O. Olaz

Este libro es el resultado de un largo camino de aprendizaje, de interacciones con maestros, compañeros de viaje, de encuentros y de búsqueda personal. Estoy seguro que la lista de agradecimientos será incompleta y que dejará a alguien fuera, por lo cual pido disculpas por adelantado. Mi mayor gratitud para Kevin Polk, Benji Schoendorff, Jerold Hambright y Mark Webster, la pandilla Matrix, quienes me mostraron, entrenaron y guiaron en el aprendizaje de este modelo. Gracias a todos los maestros que me he encontrado en el camino y con quienes tuve la oportunidad de tener las charlas más transformadoras, aprender y a veces enseñar junto a ellos: Steve Hayes, Kirk Strosahl, Patty Robinson, Chris y Sue Mc Curry, Carmen Luciano, Francisco Ruiz, Jonathan Kanter, Mavis Tasi, Bob Kohlenberg, Matt Villate, Niklas Torneke, Louise Mc Hugh, Emily Sandoz, Yvonne Barnes Holmes, Ciara McEnteggart, Michel Reyes, Juan Pablo Coletti, Germán Teti, Roberta Kovack, Amanda Muñoz, Acerina Amador y Matheus Bebber. Un agradecimiento muy especial a Patricio Vergara Nelson, revisor de este libro y a Lucía Reynoso quien supo ponerle magia a este manual con sus hermosos dibujos.

A mi compañera Gabi y mis hijas, Male y Pía, quienes me apoyaron siempre en estos locos proyectos, esperándome y refrescando mi enredada mente con risas, mates y momentos importantes. A mi madre, hermana y hermano, por estar siempre, aún en la distancia. A mi amigo Blaz, quien me acompañó en los primeros años de escritura de este libro, durmiendo en la alfombra. A Cala, mi gata, que me acompañó acostándose en el teclado de la computadora desde hace algunos meses. Este libro está dedicado especialmente a mis alumnos y colegas que se han propuesto, como yo, hacer de la vida algo simple, sin perder por ello la elegancia.

*Vivamos la vida con ojos de perro.*

*Córdoba, 2 de septiembre de 2020*

# Agradecimientos

Kevin Polk

En primer lugar a Fabian Olaz, quien fue la fuerza impulsora detrás de este libro. Una respetuosa reverencia a Jerold Hambright, mi socio creativo mientras yo garabateaba muchos diagramas diferentes antes de aterrizar en la matriz. A Mark Webster, con quien en ese tiempo también mantenía interesantes discusiones filosóficas. A Phil Tenaglia quien se unió a mis conversaciones, podcasts, webinars, y crowdcasts, inspirándome a mantener el mensaje de la Matrix simple. A Benji Schoendorff por ser mi venerable co-editor y co-autor en dos libro sobre la Matrix. Me saco el sombrero agradeciendo a Steve Hayes por su trabajo pionero conectando la filosofía, una teoría del lenguaje y la cognición, y una disciplina terapéutica llamada ACT. Para J.T. Blackledge por comentar en un podcast que RFT en su esencia trataba acerca de la forma en la cual  los humanos transformamos la experiencia sensorial en experiencia mental. Finalmente, a Kelly Wilson por decir "genial" cuando dije que mi objetivo para ACT era lograr menos palabras.

*Maine, 13 de octubre de 2020*

# Prólogo

La terapia de aceptación y compromiso (ACT) está ganando cada vez más influencia en el mundo de la psicoterapia. Sin embargo, una cosa que puede resultar un poco confusa para las personas cuando se encuentran por primera vez con el modelo, es que se presenta de diferentes formas, dando a veces la impresión de que se trata de diferentes modelos. Sin embargo, al mirar un poco más de cerca, se revela que esto podría ser una fortaleza, especialmente a largo plazo. Esto es así porque debajo de las presentaciones algo diferentes se encuentran principios básicos, que reflejan sólidos hallazgos científicos. Esto significa que mientras se mantengan estos principios, las formas prácticas de implementarlos en diferentes contextos pueden variar. Y esto, a su vez, da la posibilidad de trabajar de forma flexible para ayudar a las personas a cambiar, en cualquier situación concreta en la que se encuentren. También es una oportunidad para abrir el diálogo con otros modelos de psicoterapia.

Uno de los modelos más utilizados para presentar ACT es la Matrix, el modelo que se desarrolla en este libro. Una gran ventaja de este modelo es, sin duda alguna,  su sencillez concreta. A la mayoría de las personas les resulta bastante fácil comprenderla y aplicarla a su propia experiencia. Al mismo tiempo, es un modelo clínico que se mantiene fiel a los  principios básicos anteriormente mencionados, lo que significa que se puede utilizar en diferentes niveles de complejidad. Por ello, uno puede seguir utilizando la Matrix como  herramienta clínica cuando su comprensión del proceso de la terapia se volvió más sofisticada de la misma manera que cuando comenzó a usarla.

El objetivo de este libro es presentar ACT, la Matrix y los principios científicos básicos que subyacen al trabajo terapéutico. Ver tal esfuerzo escrito originalmente en español es una gran alegría para mí. Como ocurre con muchos otros modelos de psicoterapia en la actualidad, el material escrito principalmente en inglés es lo que predomina. Aunque estos textos, por supuesto, son útiles para todos nosotros, existe una urgente necesidad de mayor diversidad cultural. Por todo esto, también en este sentido este libro es una contribución muy importante y, al mismo tiempo, me alegra especialmente ver que este aporte lo hacen colegas a los que cuales respeto, y en particular es un proyecto personal de alguien que no solo es un respetado colega sino también mi amigo personal, Fabián Olaz. Estoy seguro de que el lector puede esperar una experiencia de lectura esclarecedora tanto a nivel teórico como práctico. Es de esperar también que esto a su vez lleve a que el libro tenga una influencia importante en la práctica de la psicoterapia tanto en Argentina como en el resto del mundo hispanohablante.

*-Niklas Törneke*
*Suecia, octubre de 2020*

*Niklas Törneke es psiquiatra y psicoterapeuta, ACT Trainer (ACBS) y supervisor. Es un entrenador respetado a nivel mundial por su claridad y habilidad para traducir complejos conceptos de la Teoría de los Marcos Relacionales (RFT) al trabajo clínico. De la misma manera, su libro "Aprendiendo TMR. Una introducción a la Teoría del Marco Relacional y su aplicación clínica", el primer texto relacionando la teoría del marco relacional y la terapia contextual, es considerado lectura ineludible para los interesados en la temática. Niklas es tambien autor del Libro " The ABC of Human Behavior" y del reciente libro "Metaphor in Practice: A Professional's Guide to Using the Science of Language in Psychotherapy", una guía práctica del uso de las metáforas en el contexto clínico, el cual constituye una obra de increíble utilidad para los clínicos interesados en profundizar en los procesos que subyacen al cambio terapéutico en ACT y otros abordajes.*

# Introducción
# ¿Por qué un Manual de Usuario?

En términos generales, un manual de usuario es un conjunto de recomendaciones de uso que acompañan a un producto que adquirimos y que permite al usuario hacer un uso adecuado y eficiente del mismo. En nuestro caso, y siguiendo con nuestra analogía, un manual de usuario para a ACT-Matrix supone un intento de facilitar al usuario la implementación adecuada y efectiva de este modelo clínico. Efectivamente, la ACT-Matrix es ante todo un modelo clínico para trabajar en forma rápida y simple la Flexibilidad Psicológica (FP), un proceso central en la Terapia de Aceptación y Compromiso (ACT, por sus siglas en inglés; se pronuncia como suena, en referencia a *ACTuar*).

La Terapia de *Aceptación y Compromiso es* un modelo de gran difusión en el mundo, y con evidencia sobre su eficacia para diferentes problemas psicológicos. Si aún no escuchaste hablar sobre ACT, consideramos que este libro puede ser un buen comienzo, ya que encontrarás los fundamentos teóricos y filosóficos de este modelo, además de una herramienta que te permitirá comenzar a aplicar ACT e incluso podrás entrenarte a ti misma en FP.

Probablemente ya sepas acerca de la importancia del entrenamiento para fortalecer tus músculos y mantener tu cuerpo en forma, y sepas que la flexibilidad de tu cuerpo también es algo esencial para mantenerlo sano y vital. De la misma manera, nuestra salud psicológica descansa fuertemente en la posibilidad de mantener una perspectiva flexible, ya que siendo psicológicamente flexibles podremos afrontar mejor las experiencias de la vida.

Este es el espíritu del *Entrenamiento en Flexibilidad Psicológica* [EFP], temática central de este libro. En términos muy generales, la *flexibilidad psicológica* [FP] implica entrenarnos en aprender a vivir el momento presente, haciendo espacio a las experiencias internas difíciles, tomándolas como lo que son: experiencias internas. Implica, a su vez, poder reconocer que somos mucho más que esas experiencias y que podemos cultivar una vida valiosa si estamos dispuestos a movernos hacia aquello que es más importante para nosotros, aun en presencia de esas experiencias.

El entrenamiento en FP está basado en la ciencia y, aun cuando afortunadamente no necesitas saber de ciencia para aprender a entrenarte, a muchas personas les interesa conocer la ciencia en la que se basa el entrenamiento. Por esto, en el presente libro nos propusimos un doble objetivo: presentarte el modelo *ACT-Matrix*, una herramienta clínica innovadora y sencilla, que te permitirá comenzar a entrenar tu propia FP y la de tus clientes, y también presentar la ciencia o "ingeniería comportamental" en la que este modelo se basa.

Si bien una de las virtudes de la ACT-Matrix es su simplicidad, consideramos que esta misma virtud ha llevado a que el modelo sea utilizado, a veces, de forma poco consistente con los principios filosóficos y teóricos que subyacen al modelo. Por eso, consideramos que un *Manual de Usuario* podría ser algo necesario para facilitar el conocimiento del modelo desde sus principios básicos, asumiendo que esto puede permitir un uso adecuado del mismo. Basándonos en la metáfora del "Manual de Usuario", intentamos que este libro provea información sobre las funcionalidades del "sistema" en un lenguaje adecuado y comprensible.

Por esto, si ya conoces algo de ACT, quizás el libro sea una excelente oportunidad para conocer en profundidad la Matrix, ya que por primera vez se presentan en forma extendida las bases teóricas del modelo Matrix desde una moderna teoría del lenguaje, la RFT (siglas para el nombre en inglés *Relational Frame Theory*; Hayes, Barnes-Holmes & Roche, 2001). De hecho, la particularidad del presente manual es que nos propusimos el trabajo de acercarnos un poco más a las bases teóricas de la RFT y enmarcarlo de acuerdo a las tres estrategias terapéuticas señaladas por Törneke et al. (2016). En la primera parte de este manual, presentamos los principios filosóficos del *Contextualismo Funcional*, la filosofía sobre la cual descansa ACT y los principales aspectos teóricos de la RFT. La filosofía y la teoría en la que se basa ACT pueden ser complicadas o poco intuitivas, por lo que intentamos presentarlas de la manera más amena posible. Asimismo, te presentaremos en forma breve y precisa los tres pasos básicos basados en la RFT para que puedas comprender mejor la ciencia que subyace a nuestro trabajo con la Matrix en particular, y con ACT en general.

Sin embargo, es muy difícil entrenar la FP solamente a partir de palabras e instrucciones. De hecho, el entrenamiento en FP es bastante parecido a aprender a andar en bicicleta, ya que no necesitas saber la física de la bicicleta y, aunque un experto te explique cómo hacerlo, hay una sola forma de aprender: andando. En el proceso sentirás confusión, dudas, inseguridad y, paulatinamente, comenzarás a encontrar el balance necesario para poder moverte hacia donde sea más importante para ti ir. Al llegar a este punto, rápidamente descubrirás lo útil que puede ser el entrenamiento en FP y hasta podrás combinarlo con cualquiera de tus actividades diarias, compartiéndolo con todos aquellos que consideres que pueden sacar provecho de este punto de vista.

De esta manera, en la segunda parte, te presentamos movimientos básicos y avanzados para la utilización efectiva del modelo, enmarcando el trabajo en estrategias específicas derivadas de los principios presentados en la primera parte. De esta forma, podrás refinar tu práctica y utilizar la Matrix focalizada en procesos específicos que pueden aparecer como *targets* en tu trabajo con los clientes. Por ejemplo, encontrarás cómo trabajar para que tus clientes puedan notar con precisión la relación entre lo que hacen y las consecuencias problemáticas derivadas, cómo abordar la fusión con los pensamientos dentro y fuera de sesión, cómo generar una perspectiva flexible del Yo, etc.

*La Matrix Manual de Usuario* es un libro en el que incluimos ejemplos y ejercicios útiles para el trabajo en diferentes contextos, incluyendo ejercicios para que trabajes contigo misma, ejemplos sencillos y algunas recomendaciones para aquellos momentos donde te sientas atascado con tus consultantes. Finalmente, en esta parte también presentamos una guía para hacer el entrenamiento con grupos. Hacer el entrenamiento con otros es muy divertido y hay un capítulo específico con algunas recomendaciones para que puedas pasarla muy bien entrenando la FP en grupo. Al final del libro hallarás una sección de referencias, para saber dónde ir para obtener más información. Consideramos que este libro te dará herramientas para potenciar tus intervenciones, aunque trabajes desde otros enfoques, conductuales o no.

Es importante hacerte una advertencia. Como autores y entrenadores de ACT, asumimos que un libro puede ser insuficiente para adquirir pericia en la simple, pero no siempre fácil, tarea de entrenar en FP. Aun cuando hemos incluido ejemplos clínicos y ejercicios que puedes realizar, consideramos que este libro es solo una pequeña contribución a tu aprendizaje, que necesariamente deberás complementar con otras lecturas y, sobre todo, con supervisión y entrenamiento con otros profesionales.

Este libro es el resultado de una etapa de aprendizaje y de encuentro entre sus dos autores, que comenzó hace algunos años atrás. Surgió en una fría tarde en Maine, en un viaje que el primer autor (Fabián) realizó, para conocer personalmente a uno de los "creadores de la Matrix" (Kevin). Muchas cosas sucedieron luego de ese encuentro, incluyendo una relación de amistad basada en la admiración y el respeto. El viaje fue y sigue siendo divertido y es nuestra voluntad hacerles llegar parte del mismo en forma de libro.

# Primera Parte

# Conociendo las bases

# Capítulo 1
# El Entrenamiento en Flexibilidad Psicológica

En este capítulo vamos a presentarte el modelo Matrix y los pasos iniciales para que puedas comenzar a utilizarlo. La Matrix fue desarrollada por Kevin Polk, Mark Webster y Jerold Hambright. Es un diagrama simple, un punto de vista que invita al consultante a discriminar la experiencia y la conducta, a partir de un proceso de "notar diferencias". Su simpático nombre surge de una historia sencilla, donde Kevin y otros colegas se reunieron para dar un nombre al diagrama. Uno de estos colegas (Jim Bastien) sugirió llamarlo "Matrix", ya que este nombre traería inmediatamente a nuestra conciencia la sexy imagen de Keanu Reeves (un excelente ejemplo de transformación de funciones por vía relacional, como veremos más adelante). Por estas obvias razones el nombre es pegadizo. Antes de este nombre, el diagrama se denominó "La cuadrícula" e incluso antes, "Dos ejes". Si es importante aclarar que, desde sus inicios, la Matrix fue siempre un diagrama útil para entrenar la FP.

## 1.1. Qué es el Entrenamiento en Flexibilidad Psicológica [EFP]

Como señalamos, el EFP se parece más al entrenamiento que necesitamos para aprender a andar en bicicleta que a otra cosa. El análisis o el aprendizaje teórico poco pueden ayudar cuando se trata de este tipo de actividades y lo esencial es la retroalimentación que obtenemos en el momento presente, mientras "notamos" los efectos de cada movimiento durante la práctica.

El aprendizaje de andar en bicicleta no tiene que ver con leer, ver videos o escuchar a personas expertas en esa actividad. Sin duda eso puede ayudar a tranquilizarnos o incluso a refinar nuestro desempeño una vez que ya hemos aprendido a andar, pero aprender esta actividad tiene que ver directamente con la práctica y la experiencia. La experiencia nos ayudará a aprender a balancear y ajustar la tensión del cuerpo para mantener el equilibro, experimentando las variaciones del peso mientras comenzamos a movilizarnos. Imagina que estás manejando tu bicicleta en una bajada pronunciada. ¿Permaneces absolutamente rígido en el medio, sin la más mínima inclinación? Por supuesto que no; si permaneces rígido, terminas cayéndote. Debes inclinarte ligeramente hacia atrás, para seguir manteniendo el equilibrio. En otras palabras, estas usando la flexibilidad de tu cuerpo para mantener el equilibrio.

Aprender a andar en bicicleta no es fácil, ya que generalmente implica, sobre todo al principio, un gran monto de frustración. Los primeros intentos son difíciles y, probablemente, en algún momento pienses en abandonar el proceso de aprendizaje. Sin embargo, con un poco más de práctica empezamos a andar e incluso a disfrutar de andar en bicicleta. El EFP es bastante parecido. Empezarás lento y hasta puedes llegar a experimentar sensaciones inusuales, frustración y deseos de abandonar la práctica. Sin embargo, si persistes, con el tiempo empezarás a sentirte más seguro, a disfrutar y a apropiarte de este punto de vista, pudiendo utilizarlo en forma fluida con tus consultantes y personas queridas. A través del EFP vamos a establecer un escenario similar al de andar en bicicleta, pero para entrenar tu mente para hacerla más flexible y que puedas mantener tu balance hacia una vida orientada a lo que es más importante para ti.

La práctica es la esencia de la FP y esto es así porque nuestra "mente" no es un músculo y es por esto mismo que, a diferencia de nuestros músculos, que quedan flexibles durante un tiempo luego de elongar, nuestra mente puede volver a estar rígida en apenas milisegundos. A través del entrenamiento podremos establecer una práctica constante, que nos permita mantenernos flexibles aun frente a situaciones difíciles y desafiantes. Como en cualquier programa de ejercicios, el secreto es la práctica.

En nuestros entrenamientos generalmente comenzamos presentando la Matrix a la audiencia de la siguiente manera: *"¿Están interesados en conocer qué es la Flexibilidad Psicológica?"*. Dado que la curiosidad es un poderoso factor motivacional para el ser humano, generalmente la respuesta es *"sí"*. Si tu respuesta también fue afirmativa, vamos a aprenderlo juntos.

## 1.2. Entrenando la Flexibilidad Psicológica

Ahora comenzaremos a practicar, dividiendo el proceso en fases. Para ello, te invitamos a tomar un bolígrafo y una hoja en blanco. Es todo lo que necesitarás para iniciar el proceso.

### 1.2.1. Fase 1: Notando la diferencia entre la Experiencia Externa y la Experiencia Interna.

**Paso 1**: Toma en tus manos un objeto que puedas notar utilizando los cinco sentidos. Si no es muy higiénico saborearlo, no lo saborees y haz la experiencia solo con los otros cuatro sentidos. Una forma alternativa es con un trozo de alimento, un carame-

lo o una pastilla de menta. A continuación realiza las siguientes
tareas:

- Observa el objeto
- Escucha el objeto (puedes golpear sobre él)
- Toca el objeto
- Huele el objeto
- Saborea el objeto (si es higiénico)

**Paso 2:** Pon el objeto fuera del alcance de tus cinco sentidos.
Cierra tus ojos e imagínate experimentando el objeto con tus cinco sentidos.

- Míralo
- Escúchalo
- Tócalo
- Huélelo
- Saboréalo (en tu mente siempre es más higiénico ha-
  cerlo)

**Paso 3:** Nota la diferencia entre tu experiencia con el objeto
utilizando tus cinco sentidos y tu experiencia mental del objeto.
Si al principio no notas diferencias está bien, solo sigue practicando y lo vas a lograr.

Seguramente te diste cuenta que la tarea esencial de este
ejercicio es clasificar. En este caso, estas clasificando la experiencia de tus cinco sentidos del objeto, por un lado, y tu experiencia mental del objeto, por otro. Por supuesto, puedes practicar esta clasificación de tu experiencia sensorial y mental en
cualquier momento. Por ejemplo, podrías notar tu experiencia
de los cinco sentidos mientras caminas por el parque y también
notar tu experiencia mental. Podrías notar la experiencia de los
cinco sentidos y tu experiencia mental mientras manejas. Si
eres padre o madre, puedes notar tu experiencia de los cinco
sentidos al caminar a la habitación de tu hijo o hija y luego notar
tu experiencia mental diciendo: *"¡esto es un desastre!"*.

### 1.2.2. Fase 2: Notando la diferencia entre Aproximarnos y Alejarnos

**Paso 4**: Todos los seres humanos, incluso Blaz, el perro de Fabián, hacen todo lo que hacen solamente por dos cosas: aproximarse a lo que es más importante para ellos y alejarse de aquello que genera malestar, dolor o sufrimiento. Así, Blaz se acerca a sus huesos, sus juguetes, su amigo Fabián y sus amigas perras, y se aleja de las tormentas.

Intenta recordar dos situaciones esta última semana donde te sentiste acercándote a algo que te importaba (ir al gimnasio, por ejemplo) y dos en las que te sentiste alejándote de algo que te generaba displacer (no ir al dentista, por ejemplo).

*Aproximándome:*

Situación 1: ...........................................................

Situación 2: ...........................................................

*Alejándome:*

Situación 1: ...........................................................

Situación 2: ...........................................................

Perfecto. Ahora una pequeña aclaración. A diferencia de Blaz, para quien todos sus movimientos ocurren en el mundo de los cinco sentidos, los seres humanos, como viste en el apartado anterior, nos aproximamos y alejamos también de eventos del mundo interno. Esto queda claro cuando vemos el diagrama de la Matrix en la Figura 1. A continuación, exploraremos esto un poco mejor.

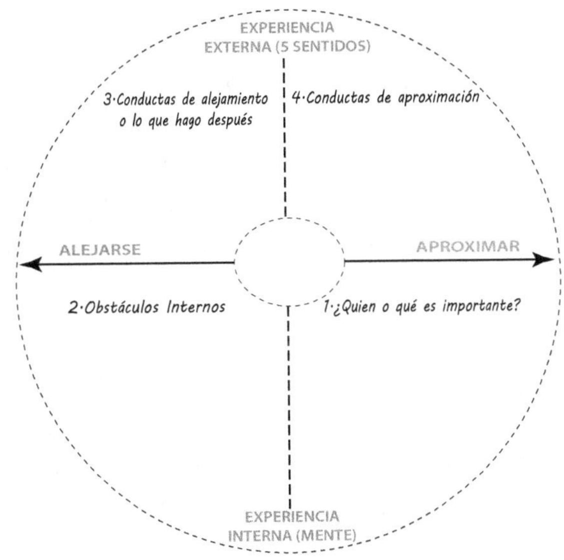


**Figura 1**: Representación gráfica del modelo ACT-Matrix con preguntas por cuadrantes

### 1.2.3. Clasificando la experiencia en los cuatro cuadrantes de la Matrix

En la Figura 1 puedes observar el diagrama de la Matrix y ver representadas las dos discriminaciones fundamentales que hemos trabajado hasta aquí: diferenciar entre el *mundo de los cinco sentidos* y el *mundo de la mente*, y diferenciar entre nuestros movimientos de *aproximación* y *alejamiento*. Como puedes ver, se han formado cuatro cuadrantes, a partir de las dos líneas en intersección. En esta parte del entrenamiento, te invitamos a organizar tus experiencias, comportamientos e historias en los cuatro cuadrantes: 1) quién o qué es importante, 2) obstáculos internos que aparecen cuando intentas acercarte a lo que es importante (las tormentas internas), 3) qué haces para alejarte de esas experiencias internas y, 4) qué haces para moverte hacia quién o qué es importante. Estas son algunas de las preguntas que deberás responder como parte de tu entrenamiento.

Dado que la tarea fundamental de nuestro entrenamiento en esta fase consiste en aprender a clasificar, a continuación te presentamos en detalle cómo realizar esta tarea, utilizando el ejemplo de uno de nosotros. Te invitamos a utilizar el papel y el bolígrafo, dibujar dos líneas en intersección y, a medida que lees, llenar los cuadrantes con tu propia experiencia.

*Quién o qué es importante.*

Identifica personas o cosas que sean realmente importantes para ti en este momento. Recuerda que es posible que haya cosas que son importantes para ti en diferentes áreas vitales (Familia, Amigos, Trabajo, Educación, Espiritualidad, Ciudadanía o Salud). Haz una lista que consideres que incluye todo lo más importante para ti hoy.

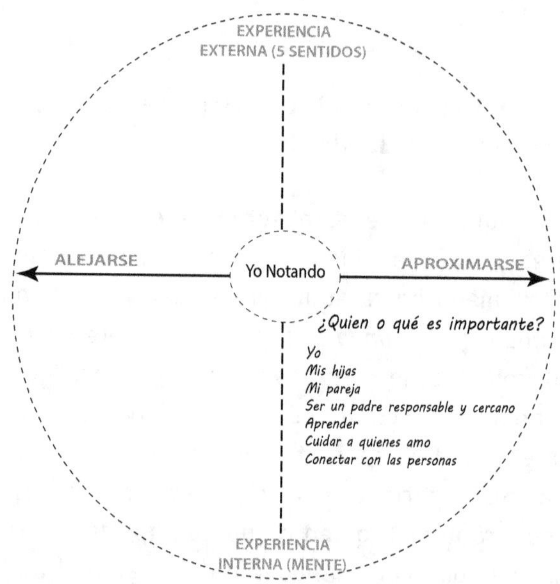


**Figura 2**: Representación gráfica del modelo ACT-Matrix con lo importante para Fabián

*Obstáculos Internos*

Identifica alguna experiencia interna que aparece o puede aparecer en el camino hacia aquello que es más importante. Algunas de estas experiencias pueden ser emociones como el miedo, la tristeza, el enojo o la frustración; sensaciones físicas (como dolor en el pecho, por ejemplo), o pensamientos tales como "no voy a poder", "soy un inútil", etc. Puede ser cualquier experiencia desagradable o de la que elegirías alejarte. En algunos casos, también pueden ser impulsos que, de obedecerles, pueden alejarte de una acción efectiva y útil (por eso se encuentran del lado izquierdo del eje horizontal). En la Figura 3, te presentamos los obstáculos internos de Fabián ¿Te sientes identificada con alguno de ellos?

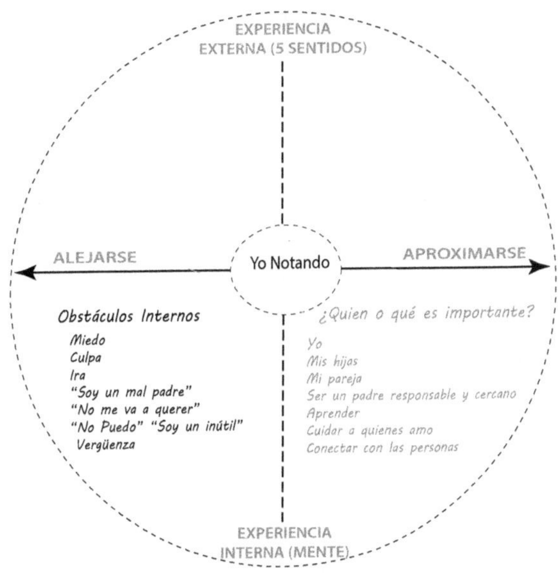


**Figura 3**: Representación gráfica del modelo ACT-Matrix con los obstáculos internos de Fabián

*Conductas de alejamiento o lo que hago después*

Identifica algunas de las conductas que utilizas para alejarte de las experiencias internas no deseadas o que llevas a cabo cuando tu experiencia interna gobierna tu comportamiento de forma rígida ("lo que hago después"). Recuerda que las conductas pueden ser muy diferentes entre sí, pero tienen una función común. Así, por ejemplo, aunque mirar tu Facebook o tomar alcohol son conductas que tienen diferente forma (topografía), algunas personas pueden utilizar ambas conductas con un mismo propósito, que podría ser controlar la ansiedad o no sentirse tan tristes. La Figura 4 muestra esto para nuestro ejemplo.

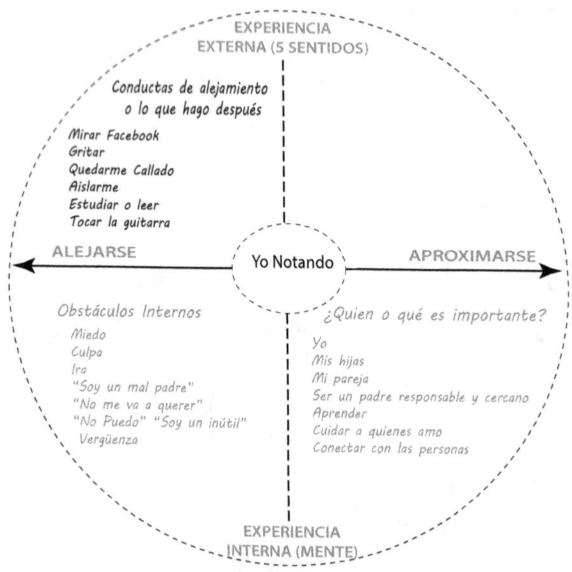


**Figura 4**: Representación gráfica del modelo ACT-Matrix con las acciones de alejamiento para Fabián

*Conductas de Aproximación*

Identifica algunas de las conductas que te permiten moverte hacia lo que es importante para ti. Recuerda que las conductas pueden ser muy diferentes entre sí, pero tienen una función común. Incluso observa cómo en el ejemplo, una misma conducta puede utilizarse con la función de evitar un obstáculo interno o con la función de acercarte a aquello que más te importa.

Tómate algunos segundos para notar la diferencia entre las sensaciones de moverte hacia cosas importantes y las de moverte para alejarte de la experiencia mental. Puedes leer primero lo que anotaste del lado derecho de tu Matrix, cerrar los ojos y percibir las sensaciones en tu cuerpo. ¿Cómo se siente? Ahora puedes hacer lo mismo con el lado izquierdo. ¿Cómo se siente? Una vez que aprendas a notar esto, será fácil clasificar rápidamente tus conductas de Aproximación y Alejamiento. Observa el diagrama de Fabián en la Figura 5 como ejemplo.

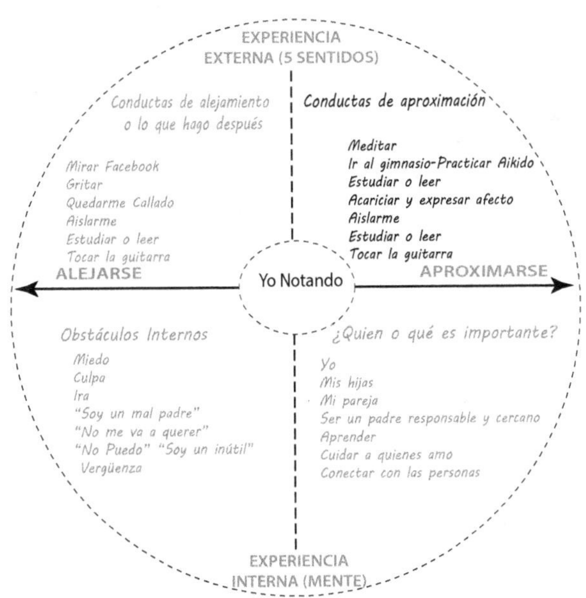


**Figura 5**: Representación gráfica del modelo ACT-Matrix con las Conductas de Aproximación para Fabián

## 1.2.4. Fase 3: Evaluando porcentajes de conductas del lado izquierdo y derecho

Te habrás dado cuenta que la misma conducta puede tener la función de aproximarte a algo importante o de alejarte de alguna experiencia indeseada (o de hacer lo que ella "te dice" que hagas). Por ejemplo, caminar puede servir para evitar la ansiedad o para moverte hacia la salud. También habrás notado cómo, por momentos, la conducta está al servicio de orientarte hacia lo importante y de evitar alguna experiencia difícil al mismo tiempo. Caminar, como vimos anteriormente, en parte puede alejarte de la ansiedad, un 60 % digamos y, al mismo tiempo, aproximarte un 40 % a la salud. Como puedes ver puedes asignar porcentajes a la conducta de acuerdo con su función casi como en un juego. Dado que es un juego, la precisión no es tan importante (Figura 6).

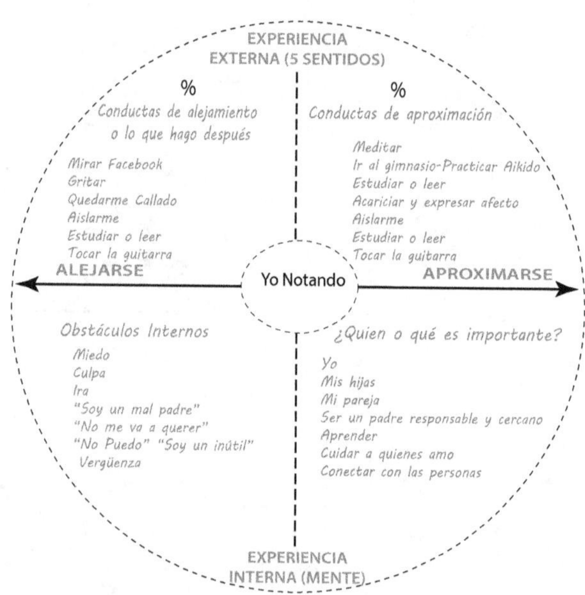


**Figura 6**: Representación gráfica del modelo ACT-Matrix con porcentajes

### 1.2.5. Fase 4: Practicando Flexibilidad Psicológica durante tu día

Repasemos lo visto hasta aquí. Primero, aprendiste a notar la diferencia entre la experiencia de los cinco sentidos y la experiencia interna (mente), y la diferencia entre movimientos de alejamiento y aproximación. Luego, aprendiste a clasificar tu experiencia en los cuadrantes de la Matrix y a identificar el porcentaje del tiempo que dedicas a vivir de una forma u otra. Esta es la base del EFP y el desafío es poder utilizar estas discriminaciones en tiempo real y, por supuesto, el tiempo real es el tiempo en el que actualmente te comportas. El resto del tiempo solo estás hablando de cómo comportarte.

De aquí en más solo es cuestión de práctica, por lo que el ejercicio sería que, durante el día, escojas alguna situación vivida y la clasifiques de esta manera. Como cualquier nueva actividad que aprendes, cuanto más practica mejor aprendizaje y esto no es diferente en el caso de la FP. La buena noticia es que, a diferencia de otras actividades, no se necesitan equipos o aparatos especiales para entrenar la FP. Solamente te necesitas a ti misma y cualquier cosa que estés experimentando en el momento presente. Aun así, a veces es difícil mantener la práctica.

Al principio quizá te sea más fácil hacerlo con situaciones del pasado (puedes aprovechar al finalizar el día, antes de dormir, para practicar con alguna situación), pero con el tiempo podrás hacerlo *in vivo* (mientras la situación ocurre). También te podría resultar útil clasificar las historias acerca de lo que podrías hacer en el futuro utilizando la Matrix. La precisión en la clasificación no es tan importante y nos animamos a decir que no existe una forma "correcta" de clasificar, ya que el solo hecho de parar, notar y clasificar tus experiencias es la esencia del EFP.

Seguramente te quedes con ganas de mostrar lo aprendido a

otras personas y de verdad consideramos que mostrar este ejercicio a otros es una excelente forma de práctica. Por esto, en la segunda parte del libro te mostramos cómo solemos presentar este modelo a nuestros consultantes. Sin embargo, primero profundizaremos en la parte árida de la historia, es decir, la filosofía y la teoría que sustenta nuestro trabajo con la Matrix.

# Capítulo 2
# Estableciendo el punto de vista

Como en cada uno de los libros de esta colección, dedicaremos los primeros capítulos a describir las características del análisis de la conducta clínica desde la perspectiva de la *Ciencia Conductual Contextual* (CBS, por sus siglas en inglés) y la forma en que sus principios fundamentan la práctica de cada uno de los abordajes que se presentan. Si eres un analista de la conducta o tienes experiencia en el abordaje contextual, puedes pasar directamente al siguiente capítulo. Si no tienes experiencia en esta aproximación o quieres repasar algunos conceptos para una mejor comprensión, te recomendamos leer con detenimiento este capítulo. Aunque los capítulos teóricos generalmente son más difíciles de leer, creemos que los principios aquí tratados son fundamentales para ser usuarios responsables y críticos de un modelo. Asimismo, consideramos que estos principios se harán cada vez más claros al avanzar en la lectura.

Queremos enfatizar que, dado que uno de los criterios que se han propuesto para esta colección es que el contenido de cada volumen no sea redundante con otros volúmenes de la misma, solo se revisarán superficialmente conceptos fundamentales ya desarrollados en forma cuidadosa en el primer libro de esta colección (Reyes & Kanter, 2017). Por ello, invitamos al lector interesado en este tema a revisar dicha obra.

## 2.1. Una Ciencia con Filosofía

Todos los científicos tienen una cosmovisión o, en palabras de Pepper (1970), una *hipótesis de mundo*, que influye en la manera de abordar su objeto de estudio. Una hipótesis de mundo se basa en supuestos específicos acerca del estatus ontológico (ontología) de los eventos y acerca de los criterios para establecer que algo es verdadero (epistemología). Reconocer explícitamente estos supuestos es para nosotros una cuestión de "responsabilidad filosófica".

En relación a los aspectos ontológicos, una hipótesis de mundo implica una metáfora raíz, que incluye los supuestos que constituyen la base a partir de la cual se desarrolla una teoría sobre el mundo. Los supuestos ontológicos se basan específicamente en cómo se aborda la pregunta: ¿es real la realidad? Su rol es metafórico debido a que, para nosotros, la realidad no puede conocerse de manera directa y solo pueden hacerse modelos o representaciones de ella. Por otra parte, una hipótesis de mundo también asume ciertos supuestos epistemológicos vinculados con los criterios de verdad para evaluar las teorías y el conocimiento. Estos criterios tienen profundas implicaciones en la forma de conceptualizar y abordar los eventos y las problemáticas de estudio.

Si te has preguntado por qué estamos hablando de esto, es porque consideramos que todos los clínicos y psicoterapeutas basan su accionar en supuestos filosóficos. Más allá de la corriente psicológica a la que adherimos, nuestra tarea como psicoterapeutas siempre implica, de alguna manera, observar y describir comportamientos. Sin embargo, con la sola descripción no tenemos posibilidad de influir en el comportamiento. Para eso, necesitamos alguna forma de explicación de ese comportamiento, lo que supone hacerlo desde alguna perspectiva elegida a priori (Ramnero & Törneke, 2008).

La perspectiva que presentamos en este libro es la de la Terapia de Aceptación y Compromiso (ACT), cuyos principios son comunes con otros enfoques terapéuticos y líneas de estudio e intervención que comparten una hipótesis de mundo denominada Contextualismo Funcional (CF), una visión interesada en estudiar los actos o comportamientos en situaciones y contextos específicos, y su función en esos contextos. Una de las cosas que caracteriza a ACT es su particular forma de conceptualizar la psicopatología y de entender el sufrimiento humano. Esta forma de conceptualizar el sufrimiento humano y las estrategias de intervención derivadas de ella dependen directamente de su hipótesis de mundo. ACT es, antes que nada, una perspectiva acerca del sufrimiento humano y, en la medida que te apropies de esta perspectiva y puedas entenderla en mayor profundidad, estamos seguros que podrás utilizar con maestría este modelo de trabajo.

### 2.1.1. Hipótesis de Mundo

En su libro World Hypotheses (1970), Pepper propone cuatro hipótesis de mundo con sus respectivas metáforas raíz y sus criterios de verdad. En la hipótesis *Formista*, la metáfora raíz es la similitud y se ve al mundo como una colección de eventos o partes, cuya comprensión y explicación requiere una correcta y apropiada clasificación. El criterio de verdad se basa en la correspondencia entre los eventos del mundo y el sistema de clasificación propuesto (Sandoz, Wilson & Dufrene 2010).

El criterio de verdad inherente a esta metáfora es "el grado de similitud que una descripción tiene con su objeto o referencia" (Pepper, 1970, p. 181) o la correspondencia entre una descripción y su referente. El objetivo del análisis, desde una hipótesis formista, es el establecimiento de clases o categorías para los eventos del mundo. De esta manera, un psicólogo podría estar interesado en clasificar los distintos tipos de trastornos psicológicos o clasificar los tipos de déficits presentes en un determinado problema psicológico. Las taxonomías y clasificaciones de los trastornos mentales, así como las diferentes tipologías de la personalidad, son consistentes con la hipótesis formista.

En el Organicismo, el mundo es como un organismo vivo en desarrollo y su adecuada comprensión resulta de una descripción coherente de las etapas de cambio de este organismo, que seguirán una evolución ordenada desde etapas de menor a mayor integración. La metáfora raíz organicista podría describirse como el "desarrollo orgánico" y su criterio de verdad será la "coherencia". Aquí, los eventos se ven como sistemas orgánicos integrales que se desarrollan y cambian en niveles de creciente integración. La verdad es resultado de un desarrollo coherente e integrativo, que permite una mayor comprensión y organización (Fox, 2008). En psicología, el organicismo está representado por diferentes teorías interesadas en describir el desarrollo evolutivo de habilidades o variables psicológicas en términos de estadios de organización creciente, así como el desarrollo esperado según la edad (por ejemplo, la teoría de los estadios cognitivos de Piaget, 1991).

La tercera hipótesis de mundo está representada por el Mecanicismo. Esta hipótesis comparte algunos supuestos del Formismo, ya que representa al mundo como una colección de partes o piezas a describirse. Desde este punto de vista, el mundo se conceptualiza como una máquina, donde cada fenómeno se encuentra totalmente determinado por causas identificables a partir del análisis de cómo funcionan las partes de esa máquina. Para el Mecanicismo, el objetivo de la ciencia es el descubrimiento de leyes que permitan identificar las causas de los fenómenos y, de esta manera, lograr la predicción de los mismos. Asimismo, se asume que los modelos que presentan una mayor correspondencia con el funcionamiento de lo que representan van a ser más verdaderos, ya que aumentan el poder de predicción (verdad por correspondencia, como en el Formismo). Los modelos más verdaderos se utilizarán para el diseño de intervenciones centradas en la modificación de las causas del fenómeno, a partir de la modificación de ciertas variables independientes que, en general, se asumen como internas al mecanismo.

El Mecanicismo, de una manera muy simplificada, sería un punto de vista interesado en descubrir cómo funcionan las cosas y en cómo arreglarlas, desde una metáfora basada en la máquina, una máquina con funcionamiento propio que (en sus versiones más extremas) se asume como casi independiente del contexto. Si pensamos el mundo desde una hipótesis mecanicista y adoptamos la máquina como metáfora o modelo de representación, vamos a pensar que cada fenómeno se encuentra totalmente determinado por causas identificables, a partir de un análisis del funcionamiento de las partes de esa máquina. Por ejemplo, en el campo de la psicoterapia, si nos comportamos de cierta manera (beber alcohol, por ejemplo), preguntaremos por las "piezas internas" que no están funcionando bien, con la esperanza de encontrar una respuesta que permita cambiar ese comportamiento o al menos disminuir su ocurrencia, de la misma manera que cuando buscamos la causa del ruido del motor del auto. Consistentemente, una intervención cuyo propósito sea modificar las creencias irracionales de un consultante acerca del alcohol sería compatible con este punto de vista ya que se asume que estas creencias serían las causas del consumo de alcohol, que se plantean como causas internas.

Como lo señaló Hayes (1993), desde una postura mecanicista, el analista puede apelar a una base ontológica para establecer la importancia de un conocimiento específico, lo cual queda reflejado en la búsqueda de evidencia para las creencias del consultante en la práctica más tradicional de la Terapia Cognitivo Conductual.

El Mecanicismo es un punto de vista muy práctico y hemos sido muy bien entrenados en él. Todos lo usamos cuando necesitamos arreglar nuestra aspiradora, hacer arrancar nuestro auto o incluso "arreglar" cuerpos humanos (¿alguna vez viste una operación de apéndice?). Sin embargo, el riesgo de una postura mecanicista extrema es que podemos olvidar el contexto en el que el comportamiento ocurre y el propósito o función de ese comportamiento en ese contexto (el para qué de ese comportamiento). Si nuestro interés es estudiar los comportamientos en contexto desde un punto de vista pragmático, podemos adoptar en cambio la visión del Contextualismo Funcional (CF).

Una perspectiva contextual y funcional se centra en el comportamiento de los organismos que interactúan en y con un contexto, considerando tanto el contexto histórico como el situacional: el acto en contexto situado en el tiempo como metáfora raíz. Dicho de otra manera, el interés apunta siempre al contexto de los eventos y sus relaciones, a sus antecedentes y sus consecuencias, y este contexto será definido por la posibilidad de predecir e influir en los eventos.

Como afirman Hayes y Quiñones (2005), el CF se caracteriza por una aproximación holística y monista, donde el comportamiento se aborda como una parte del todo, que solo puede discriminarse sobre la base de un propósito pragmático (Bohm, 1980; en Hayes y Quiñones, 2005). Así, desde el CF se asume la existencia de un mundo y también se asume que todos los organismos, incluyendo a los científicos, interactúan con este mundo, influyendo y siendo influidos por él.

Dado que es imposible situar el análisis fuera del mundo, la verdad también se considera pragmáticamente (Hayes & Quiñones, 2005). Desde esta visión, la verdad de cualquier análisis está determinada por su utilidad para los propósitos del mismo, incluido el análisis de un científico o de un clínico (Hayes, Strosahl & Wilson, 2014). Se asume que la verdad se basa en el logro de las metas establecidas para el análisis, un criterio de verdad de trabajo efectivo, que se define a partir de los objetivos que se persiguen. Por esto, desde el CF es de suma importancia establecer claramente cuáles son los objetivos que se quiere alcanzar, ya que son estos los que permitirán que se utilice el criterio de verdad pragmática y, de esa forma, podamos determinar si el análisis que realizamos es verdadero o útil.

En forma consistente con etos supuestos, la Ciencia Comportamental Contextual se propone como un abordaje consistente con el CF y se diferencia de otras visiones contextuales precisamente por el objetivo que persigue: predecir e influir en los eventos con precisión (parsimonia en el número de conceptos utilizados para abordar un fenómeno), alcance (los conceptos son aplicables a diferentes fenómenos) y profundidad (los conceptos utilizados en el nivel psicológico son aplicables en otros niveles de análisis). Dicho en forma más simple, la Ciencia Comportamental Contextual se caracteriza por ser una ciencia pragmática, cuyo objetivo fundamental es influir en el comportamiento a partir de un acotado número de principios explicativos (cuantos menos mejor), que sean útiles para predecir e influir en el mayor número posible de fenómenos (cuantos más mejor) y con la mayor profundidad posible, es decir,  que los conceptos relevantes en un nivel de análisis (el nivel psicológico, por ejemplo) sean coherentes con los conceptos utilizados en otro nivel (evolución filogenética, por ejemplo). Por esto mismo, un modelo teórico basado en estos presupuestos debe caracterizarse por su parsimonia, alcance y profundidad, y su objetivo será siempre predecir e influir en los comportamientos.

## 2.1.2. ACT como abordaje Contextual Funcional

Todas las psicoterapias intentan abordar el sufrimiento humano y cada abordaje terapéutico se basa explícita o implícitamente en supuestos acerca de porqué la gente sufre. Como se señaló, estos supuestos se relacionan directamente con las hipótesis de mundo sobre las que se asienta el psicoterapeuta y esto determina su estrategia y práctica clínica.

Coincidiendo con Hayes, Strosahl y Wilson (2014), podemos decir que la mayoría de los terapeutas intenta comprender los motivos por los cuales las personas sufren para, a partir de allí, predecir lo que éstas pueden hacer con un problema psicológico específico y, sobre todo, influir en su comportamiento, para promover un curso de acción alternativo y más favorable. Seguramente te has dado cuenta que estos objetivos son los mismos que los que señalamos al hablar sobre la Ciencia Comportamental Contextual, es decir, explicación, predicción e influencia, por lo que podemos decir que en ACT las preocupaciones prácticas del terapeuta coinciden con las preocupaciones y los supuestos del investigador que trabaja dentro de esta ciencias y están directamente vinculadas con los supuestos y preocupaciones analíticas derivadas del CF.

Desde ACT, se considera a los eventos psicológicos como comportamientos o actos en contexto y un comportamiento es cualquier cosa que un ser humano puede hacer y que puede predecirse e influirse (Hayes, Strosahl & Wilson, 2014), tal como caminar, llorar, hablar, pensar, sentir, etc. Si bien las conductas pueden relacionarse entre sí (pensar acerca del alcohol y beber alcohol, por ejemplo), no se supone primacía alguna de una conducta sobre otra y la forma particular en la que estas conductas se relacionan estará determinada por variables del contexto (Hayes & Wilson, 1995). Este supuesto implica moverse desde un punto de vista donde se concede primacía a las conductas privadas como causas, a un punto de vista en el que todo el interés está orientado a analizar las variables del contexto que influyen en la conducta y fortalecen o debilitan las relaciones entre conductas (cadenas conducta-conducta).

Desde ACT, los síntomas propios de los denominados trastornos psicológicos son problemáticos no por su frecuencia o por su carácter anormal, sino porque los mismos se presentan como un obstáculo para una vida valiosa y plena. Asimismo, las conductas privadas que normalmente se incluyen como parte de las listas de síntomas (ansiedad, irritabilidad y tristeza, pensamientos negativos, etc.) no se ven como problemas, sino que el problema se vincula con la manera en la que respondemos a esos eventos. El trabajo terapéutico de ACT se basa en la idea de que los clientes no tienen nada roto o mal y en asumir que sus problemas son en gran parte derivados del hecho de vivir en contextos verbales (Hayes, Strosahl & Wilson, 2012). Específicamente, se plantea que la manera en la que interactuamos verbalmente con nuestro propio comportamiento termina alejándonos de aquello que es más valioso para nosotros y que esta interacción es coherente con prescripciones culturales o reglas que compartimos todos los seres humanos.

La alternativa propuesta desde ACT es el cambio contextual o el cambio en la relación que las personas mantienen con su propio comportamiento. Desde ACT trabajamos junto a nuestros consultantes con el propósito de promover contextos verbales que faciliten el cultivo de una vida plena y significativa, menos focalizada en la lucha o el control de eventos privados y comprometida con acciones que permitan el desarrollo vital de la persona. Desde este enfoque nos interesamos por la conducta clínica del cliente, a partir de un enfoque ideográfico y contextual, que concibe la psicoterapia como un entorno  de aprendizaje de patrones conductuales flexibles.

En concordancia con la visión pragmática del CF, en ACT los valores y objetivos del cliente son la brújula que permitirá al clínico establecer si un comportamiento es útil o no. Adoptar el criterio de verdad de utilidad en psicoterapia implica adoptar una posición donde la forma correcta es la que funciona mejor para ayudar a las personas a seguir la dirección que desean, lo que implica poner la ontología entre paréntesis. En este sentido, nuestras intervenciones no están guiadas a determinar si lo que piensa o siente una persona es verdadero, sino a lo que funciona en las diferentes situaciones que afronta en su vida, tomando como criterio aquello que constituye el horizonte de vida para ella: sus valores. Coincidiendo con Villate, Villate y Hayes (2016), la psicoterapia implica un proceso de entrenamiento, mediante el cual la persona adquiere una mayor sensibilidad flexible a los eventos del contexto que influyen en su conducta y a las funciones de la misma, con el propósito de evocar contextos verbales facilitadores de una vida orientada a aquello que funciona para aproximarse a lo que le importa. La sensibilidad flexible y la orientación a una vida con sentido constituyen la base de la Flexibilidad Psicológica (FP), un proceso central en ACT.

## 2.2. Procesos y práctica del cambio en ACT

Dado que ACT forma parte de la Ciencia Comportamental Contextual, los procesos propuestos para promover la FP deben ceñirse a sus mismas características: parsimonia o precisión, alcance y profundidad. En este sentido, tradicionalmente se han propuesto diferentes modelos conceptuales para explicar la FP en ACT, de los cuales sin duda alguna ha sido el *Hexaflex* el que ha gozado de mayor prestigio (ver Figura 7).

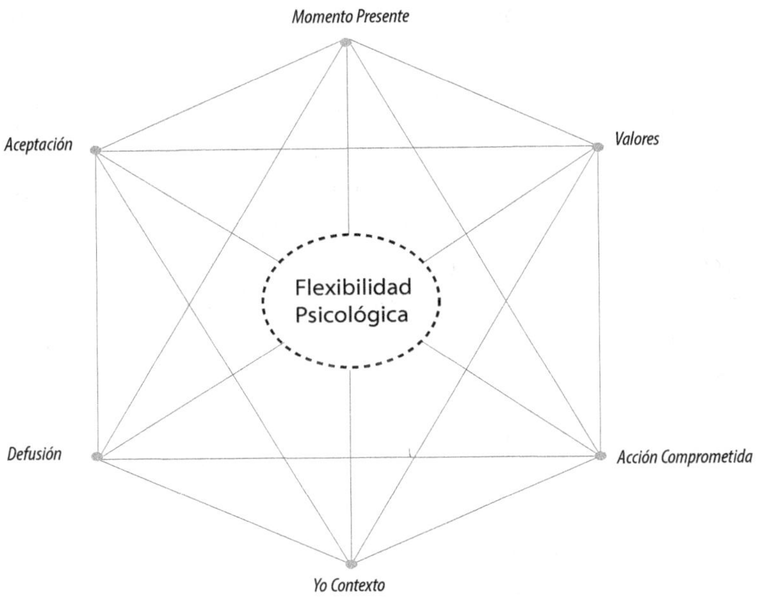


**Figura 7**: Representación gráfica del Hexaflex

El Hexaflex representa seis procesos que, combinados, sirven para promover la FP. Hayes, Strosahl y Wilson (2012) definen la FP como la disposición activa a hacer contacto con la experiencia en el momento presente, en forma consciente y sin defensa, al servicio de aquello que es importante para la persona. Desde este punto de vista, se considera que la FP es el resultado de estos seis procesos definidos funcionalmente.

Como puede inferirse de la figura, estos procesos no son independientes, sino que pueden pensarse como diferentes caras de un diamante y la FP depende de los seis procesos en interacción. Asimismo, la inflexibilidad psicológica puede entenderse a partir de la contracara de los seis procesos y sería una característica fundamental de los diferentes problemas psicológicos. Por esto mismo, cada uno de los procesos representados en el

Hexaflex estará implicado en mayor o menor medida en los problemas psicológicos que una persona experimenta.

Cuando se piensa ACT desde este modelo, el trabajo del terapeuta implica operar sobre estos procesos para el logro de una mayor FP, procesos que pueden incluso pensarse como habilidades. Así, el trabajo terapéutico se orientará a evocar y fortalecer estas habilidades en nuestros consultantes y en nosotros mismos, por medio de ejercicios experienciales, metáforas y la conversación terapéutica.

### 2.2.1. El Hexaflex y sus límites

Aun cuando el Hexaflex ha permitido una rápida difusión de ACT entre los clínicos e incluso ha permitido que ACT trascienda hacia otras áreas del comportamiento humano (educación, trabajo, entre otras), el modelo ha recibido diversas críticas. Quizás una de las dificultades fundamentales del modelo sea postular términos de nivel medio, que no se corresponden fácilmente con procesos comportamentales básicos, lo que conlleva ciertos problemas (Barnes-Holmes et al., 2016).

Un término de nivel medio es un término teórico, no técnico, que no se ha generado dentro de la investigación científica básica. En otras palabras, los términos de nivel medio no son términos de alto nivel (autoestima, por ejemplo) porque coinciden directamente con una explicación teórica específica. Tampoco son términos de bajo nivel o básicos (estímulo discriminativo, por ejemplo) porque no se han generado directamente de datos experimentales. En otras palabras, describir algo como un término de nivel medio es una forma de ubicarlo en un continuo entre unidades analíticas que se basan en la ciencia básica y términos psicológicos populares.

Coincidiendo con Barnes-Holmes et al (2016), en los últimos 30 años hemos asistido a una gran proliferación en el número de términos de nivel medio utilizados en psicología clínica y estos representan intentos bien intencionados de especificar las variables psicológicas clave para el cambio conductual, aunque han traído como consecuencia una polisemia que puede afectar la precisión que buscamos en ciencia. Aunque los procesos del Hexaflex tienen un gran valor clínico, para Barnes-Holmes et al (2016) su utilidad en términos de precisión e influencia es discutible, dado que estos procesos no se han podido operacionalizar adecuadamente ni evaluarse empíricamente.

Por ejemplo, es muy difícil establecer los límites entre diferentes términos del hexágono (*Defusión* y *Yo contexto*, por ejemplo) y esto, más allá de la imprecisión conceptual, impide la identificación y manipulación experimental directa de los procesos centrales que podrían ser responsables del cambio. Sumado a esto, coincidiendo con Assaz, Kanter y Oshiro (2018), los términos del Hexaflex también presentan cierta imprecisión, ya que muchas veces se usan indistintamente para referirse a un procedimiento terapéutico (ejercicios de defusión, por ejemplo), un proceso terapéutico (transformación de funciones, extinción, por ejemplo) o a un resultado terapéutico (el paciente muestra mayor defusión de sus eventos internos, por ejemplo). Desde nuestro punto de vista, el modelo ACT-Matrix puede constituirse como una alternativa más cercana a los principios básicos del análisis del comportamiento y a la RFT (Relational Frame Theory, por sus siglas en inglés; Teoría del Marco Relacional) o al menos esto es lo que intentaremos mostrar en los siguientes capítulos. En el Capítulo 3 presentamos las bases de esta teoría, con el propósito de que puedas comprender mejor nuestro punto de vista.

## 2.2.2. La ACT-Matrix como modelo Contextual Funcional

La Matrix es un modelo clínico basado en ACT, que no solamente permite presentar al consultante los procesos de ACT de una forma comprensible y sencilla, sino que además permite fortalecerlos (Figura 8).

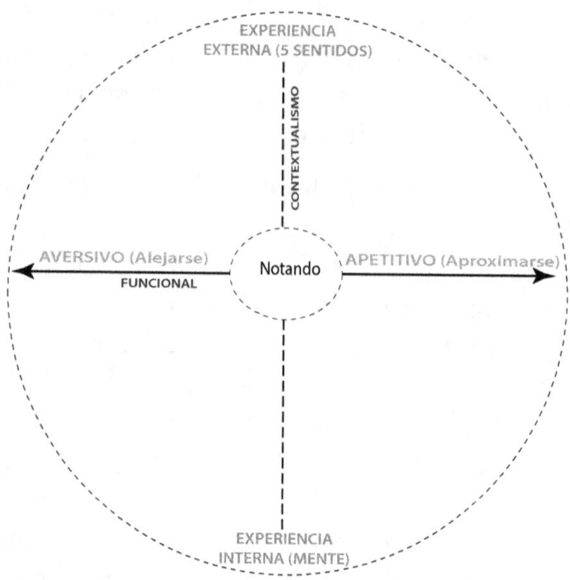


**Figura 8**: Representación gráfica del punto de vista Contextualista Funcional

Como puedes ver, la Matrix es una analogía visual de los principios del CF ya presentados. El eje vertical de la Matrix representa dos contextos fundamentales que influyen en la conducta humana, un contexto de *experiencias externas* (experiencias que los otros pueden ver), representado metafóricamente como "cinco sentidos", y un contexto de *experiencias internas* (experiencias privadas, que solo son accesibles para la persona que las experimenta), representado metafóricamente como "mente". Aunque teóricamente estos dos contextos son difíciles de distinguir, dado que tanto la experiencia interna como la externa están influidas verbalmente, tal discriminación es clínicamente útil ya que nos facilita ser más sensibles a los diferentes antecedentes y consecuencias que influyen en la conducta. Esta sensibilidad contextual ha sido señalada por Villate, Villate y Hayes (2016) como uno de los objetivos básicos de la psicoterapia.

Asimismo, el comportamiento atiende en sentido amplio a dos funciones principales representadas en el eje horizontal: Aproximación y Alejamiento. La diferencia entre estos movimientos implica un proceso muy básico. En el reino animal, los comportamientos de aproximación sirven para moverse hacia las cosas que pueden favorecer la supervivencia, tales como compañeros reproductivos o fuentes de sustento, comodidad o diversión. Por otro lado, generalmente evitamos amenazas a la integridad física o la supervivencia, como depredadores o entornos que amenazan la vida. Cuando el comportamiento animal tiene la función de alejarse de algo peligroso se denomina comportamiento bajo control aversivo y cuando se trata de avanzar hacia algo cuya presencia aumenta la frecuencia de un comportamiento (en el ejemplo del reino animal implicaría eventos con alta importancia biológica), se lo conoce como comportamiento bajo control apetitivo.

Simplificando, la relación de un comportamiento con su contexto puede estar establecida con el propósito de aproximarse a aquello que es importante para el organismo (función apetitiva) o para alejarse de aquello que es peligroso (función aversiva). Decimos simplificando porque somos conscientes de que el comportamiento humano es mucho más complejo y que las funciones que influyen en un comportamiento no son puras. Un mismo evento puede tener diferentes funciones según el contexto, es decir, un evento puede influir en la conducta de múltiples maneras. Asimismo, los eventos psicológicos también tienen múltiples funciones (apetitivas, aversivas, emocionales, discriminativas, entre otras). Por esto mismo, con la Matrix no se intenta representar conceptualmente todas las posibles funciones que influyen en el comportamiento, sino simplemente entrenar a nuestros consultantes en discriminaciones útiles para el cultivo de la FP. Por esto, si no te sientes muy a gusto con esta conceptualización, podrías pensarlo como una distinción de contextos "más" o "menos" aversivos (Barnes-Holmes et al, 2018).

De esta forma, el lado derecho de la línea horizontal representa movimientos de aproximación, o acciones específicas donde las funciones apetitivas (verbalmente mediadas) son mayores. En el caso del primer autor, ir al gimnasio es un buen ejemplo. El lado izquierdo de la Matrix representa movimientos de alejamiento, o acciones donde la función que predomina es la de alejarse de eventos con funciones aversivas. Estos comportamientos incluyen, por ejemplo, conductas tales como alejarse de situaciones para no sentir vergüenza. En este mismo lado, se incluyen comportamientos gobernados por experiencias internas, es decir, que se presentan como una reacción más o menos impulsiva y que nos alejan, a mediano o largo plazo, del camino que queremos seguir (momentos donde actuamos impulsivamente cuando nos sentimos inundados por la ira por ejemplo).

Al practicar repetidamente la discriminación entre los movimientos de aproximación y alejamiento, se considera que las personas comenzarán a responder de forma más flexible. La inflexibilidad psicológica se caracteriza por contextos verbales que influyen evocando una menor sensibilidad contextual y, por ende, un estrechamiento del repertorio comportamental y de su variabilidad. Los contextos de flexibilidad, por el contrario, se vinculan a una mayor sensibilidad contextual, una mayor variabilidad en el repertorio comportamental y un mayor control apetitivo (Sandoz, Wilson & Dufrene, 2010). En otras palabras, los contextos de flexibilidad favorecen que nos involucremos en una vida más valiosa y favorecen la expansión del repertorio de comportamiento.

Dado que este manual es un ejemplo de CF, nuestro trabajo y los principios aquí descritos se basan en identificar quién y qué es más importante para ti y para tus clientes y en descubrir qué comportamientos (privados y públicos) funcionan para moverte hacia direcciones valoradas. Lo que es importante para ti no son cosas, en un sentido mecanicista, involucran procesos dinámicos que necesitan de una observación constante y atenta, sensible a lo que va aconteciendo. Una vida valiosa es un "blanco móvil", que requiere de una mirada que tome en cuenta si nuestros movimientos nos aproximan o nos alejan. La FP es de vital importancia para movernos hacia ese blanco.

### Ejemplo Clínico

Para comprender un poco mejor lo dicho hasta ahora, tomemos como ejemplo el caso de Juan. Es importante que leas atentamente este caso, ya que volveremos a él a lo largo de todo el libro. El caso es ficticio y lo hemos simplificado para facilitar su lectura.

> *Juan es un joven de 26 años que acude a consulta debido a que sufre intensos ataques de pánico cuando sale de su casa sin compañía. Siente mucho temor a ciertas sensaciones físicas (sensación de falta de aire, por ejemplo) y un intenso miedo a morir cuando estas sensaciones se hacen presentes. Ha comenzado a abandonar muchas actividades de las que antes disfrutaba, tales como ir al gimnasio, salir con amigos e ir al cine. Si bien aún puede ir al trabajo, su madre lo acompaña y lo va a buscar. Siente que su vida ha perdido sentido y que no es capaz de hacer nada, a menos que pueda eliminar sus síntomas.*

> *Juan relata tener pensamientos sobre un posible ataque de pánico cada vez que piensa en la posibilidad de salir de casa e incluso siente que su ansiedad se activa al escuchar las pa-*

Utilizando la Matrix, el proceso de entrenamiento en FP puede verse notablemente facilitado, ya que este diagrama nos ayuda a entrar en contacto con los aspectos relevantes del contexto que influyen en la conducta dándonos una retroalimentación instantánea sobre la utilidad y efectividad de la misma, en términos de una vida valiosa. Dicho de otra manera, podemos aprender desde el momento presente si nuestros comportamientos de alejamiento y aproximación funcionan. Desde este punto de vista, podríamos conceptualizar los problemas de Juan como un proceso de "atascamiento verbal", en el que ha comenzado a quedarse mucho tiempo en casa para escapar (*función aversiva*) de ciertos *eventos privados* (experiencias internas) y al hacer esto ha comenzado a abandonar actividades que lo aproximan (*función apetitiva*) a personas importantes. Esto ha llevado a que presente un repertorio de respuestas cada vez más restringido, disminuyendo su vitalidad y colocándolo en un loop o círculo vicioso, que trae como consecuencia una sensación de pérdida de sentido vital.

Como puedes ver, de la misma manera que aprendemos a doblar con la bicicleta en una curva, a partir de la retroalimentación inmediata que obtenemos del entorno y de nuestro propio cuerpo, la Matrix nos abre la posibilidad de obtener esta retroalimentación acerca de si lo que estamos haciendo nos acerca a una vida valiosa. El proceso precisa de práctica, pero el aprendizaje puede ser muy rápido.

# Capítulo 3
# Una introducción a la RFT



Una de las principales diferencias entre los gatos y los seres humanos es que los gatos, luego de quemarse con una estufa, se alejan de ellas. Un ser humano que se ha quemado con una estufa se alejará de las estufas pero también podría experimentar una respuesta de temor ante la palabra "estufa" o incluso ante la palabra "fogão", una vez que aprende que esa palabra significa estufa en portugués. Esto es facilitado por una habilidad exclusiva de los seres humanos: el lenguaje.

El lenguaje es una habilidad que permite a los humanos hablar y pensar acerca de eventos que no están presentes, prever resultados posibles, comparar y evaluar situaciones. Por esto, una vez adquirido este comportamiento se altera profundamente nuestra forma de responder a los eventos del mundo.

Esta capacidad nos permite relacionarnos de otra manera con nosotros mismos y con las otras personas, de forma tal que nuestra conducta va a estar determinada no solo por la experiencia externa, sino también por nuestra experiencia interna. Así es la condición humana y existe una teoría conductual que puede dar cuenta de ello: la Teoría de los Marcos Relacionales (Relational Frame Theory, RFT, Hayes, Barnes-Holmes & Roche, 2001).

Lamentablemente, para ser sinceros, consideramos que RFT puede llegar a ser una teoría bastante complicada de entender, sobre todo si no tuvimos un entrenamiento adecuado en análisis del comportamiento. Sumado a esto, algunas personas consideran que no es totalmente necesario el conocimiento de RFT para poder hacer un buen trabajo como terapeuta ACT. Incluso entre las personas que trabajamos con la Matrix, no hay un consenso absoluto con relación a este punto. La perspectiva que seguimos en este libro es que un conocimiento de la RFT puede permitir al terapeuta mayor flexibilidad en sus intervenciones, ya que el conocimiento de los principios facilita la resolución de problemas cuando las técnicas fallan. Coincidiendo con Anderson (2010), aún cuando el conocimiento de la RFT pueda no ser necesario para el ejercicio experto de la psicoterapia, las buenas explicaciones del comportamiento humano sin duda lo son y la RFT ha demostrado ser una explicación promisoria, en términos de su alcance, profundidad y su base experimental. Aunque RFT no es un enfoque terapéutico y no ha sido específicamente desarrollada para dar cuenta de procesos implicados en el trabajo psicoterapéutico, como clínicos podemos aprovechar el conocimiento producido en esta área, para aumentar la precisión de nuestras intervenciones y la comprensión de los problemas con los que tenemos que trabajar habitualmente.

Quizás un buen argumento a favor de la perspectiva presentada en este libro se encuentre en el denominado abordaje reticulado, que caracteriza a la Ciencia Comportamental Contextual. Este abordaje implica una articulación en red entre diferentes disciplinas y áreas de interés, con el objetivo de aprovechar la precisión de las metodologías que emergen de la ciencia básica, la profundidad analítica de los programas de investigación traslacional y la visión pragmática de la ciencia aplicada (Villate, Villate & Hayes, 2017). Así, RFT se ha desarrollado principalmente en los laboratorios, pero en los últimos años se ha ido aproximando cada vez más a la práctica clínica. Utilizando RFT podemos estudiar e influir en el lenguaje humano y, sin duda, en la conversación clínica con parsimonia, alcance y profundidad, lo que nos permite aumentar la precisión de nuestras intervenciones y refinar nuestra práctica, sacando provecho de los nuevos avances del estudio del lenguaje desde un punto de vista comportamental contextual.

Aun cuando no nos consideramos expertos en RFT y hay muchos libros y artículos para los interesados en esta teoría, nuestro propósito en este capítulo y los dos siguientes es presentar algunos puntos básicos, que permitan contextualizar y entender el trabajo que realizamos con la Matrix, desde algunos de los principios fundamentales de la RFT. Esta tarea es sin duda alguna un ejercicio heurístico que debe revisarse y discutirse pero consideramos que es una tarea necesaria dentro de un abordaje reticulado. Somos conscientes y admitimos que nuestro tratamiento de esta temática puede presentar muchas limitaciones y sobresimplificaciones, por lo que intentamos incluir referencias suficientes, que puedan ser útiles para el lector interesado en profundizar en este apasionante y novedoso tema.

## 3.1. El comportamiento verbal desde la RFT

### 3.1.1. La respuesta relacional

Desde el conductismo radical se sostiene que todo lo que un organismo hace puede verse como conducta, incluyendo tanto las conductas directamente observables (correr, comer, cantar, por ejemplo), como las conductas privadas (pensar, sentir o recordar, por ejemplo). De esta manera, las leyes del comportamiento desarrolladas por Skinner (1953, 1976) son aplicables a cualquier evento psicológico, incluyendo conductas simples directamente observables, conductas observables complejas y conductas privadas complejas, que en todos los casos pueden conceptualizarse como conductas moldeadas por contingencias.

Partiendo de esta idea, la investigación sobre el lenguaje, desde los enfoques de derivación de funciones y relaciones de equivalencia (Sidman, 1994), dio lugar a la constitución de la RFT. Los estudios realizados de acuerdo con los principios de la RFT, permitieron una revisión del concepto de conducta verbal (Skinner, 1957) y una manera diferente de estudiar y abordar eventos privados, trabajando fuera del supuesto de "primacía cognitiva" como modelo explicativo de la conducta humana y proponiendo, en cambio, una visión contextual funcional del lenguaje.

La RFT es una teoría comportamental acerca del lenguaje y la cognición humana, que permite explicar la forma en la que respondemos verbalmente al mundo. También nos permite entender cómo nuestra conducta puede ser influida, tanto por las propiedades formales o intrínsecas de los antecedentes y consecuencias (Villate, Villate & Hayes, 2016), cuanto por antecedentes y consecuencias verbales.

La RFT es una teoría que explica cómo un ser humano puede ir desde un estado en el que no puede hablar a uno en el que puede pensar, imaginar, recordar y predecir eventos e incluso modificar su conducta, basándose en consecuencias simbólicas. Dicho en forma simple, es una teoría que permite entender por qué las personas responden a las palabras, reglas e historias y son influidas por ellas.

Desde la RFT, se considera que la conducta verbal depende de un comportamiento básico que aprendemos tempranamente los seres humanos, la capacidad de establecer y responder a relaciones. Relacionar es responder a un evento en términos de otro y desde muy pequeños somos entrenados para responder relacionalmente al medio. En términos conductuales, una respuesta relacional implica la capacidad de discriminar relaciones entre eventos y responder a ellas, en lugar de hacerlo a cada miembro individual de la relación (Blackledge, 2003). Así, si alguien te pide "selecciona el mayor de dos objetos", te estaría invitando a responder a una relación entre dos objetos, en lugar de hacerlo a cada uno por separado. Una vez que hayas aprendido a seleccionar varios objetos físicamente más grandes que otros, podrás hacerlo incluso cuando se te presenten objetos que nunca antes hayas visto. De allí deriva el hecho de que el comportamiento relacional se considera como una operante generalizada, funcionalmente similar a otras clases funcionales generalizadas como la imitación o la atención generalizada (Baer, Peterson & Sherman, 1967; en Hayes & Quiñones, 2005).

El término "generalizado" se utiliza para referirse a cualquier operante que solo puede describirse en sentido funcional, es decir, independientemente de su forma o topografía. El procedimiento por el cual se aprende una operante generalizada es a través de la abstracción de consistencias que se experimentan en el contacto con múltiples ejemplos.

Pensemos el caso de la imitación generalizada, donde un niño aprende a imitar a su hermano, luego de ser reforzado repetidamente por imitar diferentes gestos o expresiones verbales. Cuando su hermano se toca la cabeza, por ejemplo, el niño también lo hace y es reforzado por ello. Hasta aquí no podríamos hablar de una operante generalizada, ya que todos los ejemplos a imitar consisten en tocarse la cabeza. Sin embargo, si el niño es reforzado por imitar a su hermano cuando se toca la nariz, cuando repite expresiones verbales que su hermano dice y así sucesivamente, el niño puede aprender a "imitar", pudiendo aplicar este repertorio a cualquier otra persona y a cualquier comportamiento que otra persona emita. En este caso, sí podríamos hablar de una operante generalizada, donde la característica funcional (imitar) ha sido abstraída como la constante a través de múltiples ejemplos, que permite que las otras propiedades varíen. Como puede verse, los comportamientos que forman parte de esa clase funcional pueden no tener semejanza formal alguna con otros miembros de la clase (McIlvane, Dube & Callahan, 1995; McIlvane, Dube, Kledaras, Iennaco & Stoddard, 1990).

### 3.1.2. La respuesta relacional derivada arbitrariamente aplicable (RRAA)

Para una mejor comprensión de lo que sigue a continuación, partamos del siguiente ejemplo. Imagina que se te pide que elijas "el objeto más grande", entre los objetos **A** y **B** (ver Figura 9). Con alta probabilidad elegirías el objeto **A**.

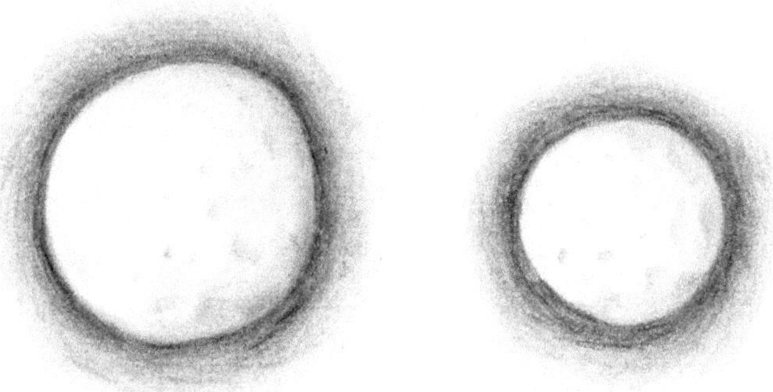

**Figura 9**: Representación gráfica del ejemplo "Elige el objeto más grande"

Ahora supongamos que se te solicita que elijas el objeto más pequeño entre los objetos **C, D** y **Z,** y solo cuentas con la siguiente información: "el objeto **Z** es más grande que el objeto **D** y más pequeño que el objeto **C"**. Sólo con esta información podrás "derivar" relaciones que te permitirán elegir el objeto solicitado (en este caso el **D**) sin haber tenido contacto alguno con ninguno de esos objetos.

La palabra derivar cobra sentido si comprendemos que estamos estableciendo relaciones entre estímulos, sin que estas relaciones hayan sido previamente entrenadas. En el ejemplo asumimos que el objeto **Z** nunca fue visto por el individuo y aun así puede responder a este evento, a partir de las relaciones en las cuales participa. Resumiendo, esta capacidad permite que podamos relacionar eventos sin que estas relaciones hayan sido específicamente entrenadas, lo cual implica que las mismas no pueden explicarse desde otros principios de aprendizaje (operantes o respondientes), ya que estos principios involucran contingencias directas en la historia de aprendizaje del individuo. Como puedes ver, la RFT posibilita explicar la habilidad humana de relacionar estímulos de múltiples maneras, incluso en ausencia de una historia de reforzamiento o entrenamiento directo (Blackledge, 2003).

Todos los organismos complejos muestran respuestas relacionales no arbitrarias, es decir, responden de acuerdo a las relaciones de los eventos basadas en propiedades físicas o formales. Las propiedades formales de los estímulos son aquellas propiedades que se pueden ver, saborear, oír, oler, o tocar (el tamaño, por ejemplo). Así, cuando se pide a un organismo que seleccione "el mayor de los objetos", se lo está invitando a responder relacionalmente sobre la base de una característica no arbitraria de los estímulos. RFT postula que tanto los seres humanos como algunos animales pueden exhibir este repertorio de respuestas relacionales controladas por propiedades físicas o formales de los estímulos. Sin embargo, solo el ser humano puede responder relacionalmente y derivar nuevas relaciones a partir de claves arbitrarias del contexto, ya que es expuesto a una historia de contingencias por parte de la comunidad verbal a la que pertenece, que moldean un repertorio más avanzado de respuestas relacionales (Hughes & Barnes-Holmes, 2016). Este repertorio ha sido denominado Respuesta Relacional Arbitrariamente Aplicable (RRAA) o Marcos Relacionales.

En el ejemplo anterior se solicitaba la elección del objeto de mayor tamaño, por lo que las propiedades físicas de los eventos funcionan como claves no arbitrarias en la respuesta relacional. Si, en cambio, la consigna fuera elegir al más honesto de tres candidatos a presidente (los señores X, Y, y Z, respectivamente), la respuesta relacional dependería de propiedades "arbitrarias" o no formales. La respuesta relacional, que inicialmente era controlada por las propiedades físicas del estímulo (el mayor tamaño de uno de los objetos), ahora puede aplicarse a dimensiones arbitrarias de los eventos (honestidad, por ejemplo) en respuesta a claves del contexto verbal (*más* o *mayor*) también arbitrarias.

Su carácter arbitrario permite que estas respuestas relacionales puedan aplicarse a múltiples eventos, más allá de sus propiedades formales, "enmarcándolos" de acuerdo con claves del contexto que controlan la emisión de la respuesta relacional. A partir de aquí, puedes comprender el nombre de esta teoría y, de aquí en adelante, tomar como equivalentes los conceptos de Marco Relacional y Respuesta Relacional Arbitrariamente Aplicable (RRAA).

La RRAA también es una operante generalizada o funcional, es decir, una clase o patrón general de comportamientos que se define por su función. Por ello, la RRAA puede utilizarse para enmarcar cualquier evento, dada una historia de reforzamiento con múltiples ejemplos, en presencia de claves contextuales (Gómez-Martín, López-Ríos, Mesa-Manjón, 2007). Este patrón conductual es resultado de una historia de interacciones con la comunidad verbal y constituye la base de la capacidad de operar simbólicamente con nuestro entorno. Aprender a relacionar arbitrariamente eventos constituye una herramienta eficiente y generativa, que facilita la supervivencia del ser humano y constituye la base del lenguaje y otros comportamientos complejos. Es decir, nos permite entender cómo nos movemos en el eje vertical de la Matrix, desde nuestra experiencia de los cinco sentidos a nuestra experiencia interna (ver Figura 10).

Es importante aclarar que, a diferencia de otros enfoques y de forma consistente con el conductismo radical, la perspectiva monista sobre la que descansa la RFT permite establecer que el comportamiento relacional no es una "entidad cognitiva". Cuando relacionamos eventos lo hacemos como un organismo completo en relación con un contexto y, de hecho, los complejos diseños experimentales de la RFT están destinados precisamente a poder observar la forma en que las personas relacionan.

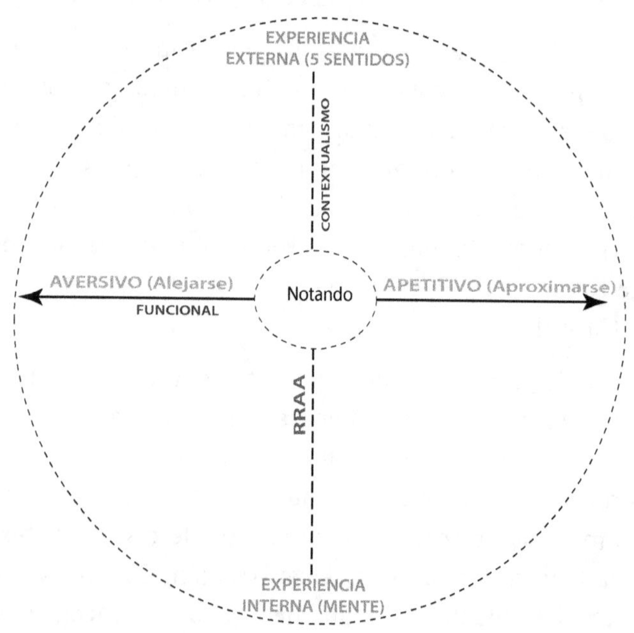


**Figura 10**: Representación gráfica de "RRAA" desde la Matrix.

### 3.1.3. Tres propiedades básicas de la RRAA

Volvamos por un momento a nuestro ejemplo de los tres candidatos e imaginemos que, efectivamente, no conoces nada acerca de la honestidad de estos tres señores (X, Y, y Z) y tienes que escoger entre ellos. La única información con la que cuentas es que "el señor X es *menos* honesto que el señor Y, y que el señor Y es *menos* honesto que el señor Z". Es muy probable que con esta información te decidas por elegir al señor Z, aun cuando: a) la honestidad sea una propiedad arbitraria y no formal, y b) no hayas sido entrenado en responder a relaciones específicas entre algunos de estos eventos (Hughes & Barnes-Holmes, 2016).

A partir de la clave presentada, en la que se establece que X es *menor que* Y, y que Y es *menor que* Z, hemos derivado múltiples nuevas relaciones que nos han permitido escoger a nuestro candidato: Z es más honesto que Y y que X, Y es más honesto que X y, finalmente, X es menos honesto que Z. Como ves, entrenando directamente 2 respuestas, obtenemos 6 respuestas relacionales (dos directas y cuatro derivadas). En la Figura 11 representamos lo dicho en forma resumida.

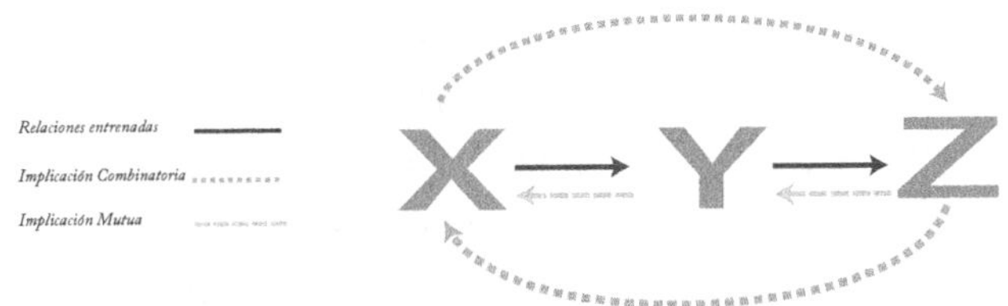


**Figura 11**: Propiedades básicas de la RRAA

Como puedes ver en el ejemplo, las RRAA tienen dos propiedades fundamentales denominadas implicación mutua e implicación combinatoria. La implicación mutua establece que, si un estímulo X se relaciona de una forma específica con el estímulo

Y, entonces vamos a derivar la relación recíproca entre Y y X. En el ejemplo, dado que X es menos honesto que Y, podemos derivar la relación de implicación mutua en la que "Y es más honesto que X".

La implicación combinatoria se refiere a las relaciones derivadas basadas en la combinación de dos o más relaciones de estímulos. En este caso, aunque algunos de los estímulos no se han vinculado directamente con los otros, su relación procede de otras relaciones que se combinan para  formar una red. En el ejemplo, dado que X es menor que Y y que Y es menor que Z, hemos derivado una nueva relación a partir de la combinación de estas dos relaciones, donde X es menor que Z.

El establecimiento de relaciones y de redes de relaciones resulta en la tercera propiedad de la RRAA: la transformación de funciones de los estímulos que forman parte de la relación. Decimos que un evento tiene una función sobre el organismo cuando este evento influye en su conducta. Los eventos pueden tener diferentes funciones: perceptivas, discriminativas, motivacionales, emocionales, apetitivas o aversivas. Las funciones de los eventos pueden ser múltiples y están determinadas por la historia de interacción del organismo con esos estímulos y por el contexto actual con el que el organismo interactúa. Por ello necesitamos del análisis funcional para determinar las funciones que un evento tiene para nuestra conducta (Törneke, 2010). Sin embargo, para nuestro propósito, el interés recae especialmente en las funciones discriminativas, apetitivas y aversivas

Muchos estímulos poseen funciones discriminativas, aversivas y apetitivas de forma "intrínseca", ya sea de forma innata y dada por la selección natural (Reyes & Kanter, 2017). Así, por ejemplo, la comida puede tener una función apetitiva y el olor de la misma puede tener una función discriminativa en un organismo hambriento (señaliza la disponibilidad de un reforzador si el organismo responde de determinada manera). Seguramente ya habrás adivinado que las funciones de los eventos también pueden ser transformadas por medio del aprendizaje, tanto respondiente cuanto operante. Coincidiendo con Törneke (2010), podríamos decir que la transformación de las funciones de estímulos puede darse de diferentes maneras: por medio de procesos de aprendizaje de tipo operante o respondiente, por relaciones directas o físicas entre estímulos (contingencias directas) y por medio de respuestas relacionales derivadas (indirectas o funciones derivadas).

Pensemos nuevamente en cómo la estufa caliente provoca quitar la mano cuando se la ha tocado y evitar este tipo de estímulo aumenta la probabilidad de sobrevivir. A diferencia del gato, que frente a la estufa caliente (*antecedente*) escapa (*conducta*), para no sentir dolor (*consecuencia*), el ser humano puede llevar a cabo la conducta de escape controlado exclusivamente por antecedentes verbales (la palabra "estufa", por ejemplo) o incluso acercarse a la temida estufa si la misma ocupa un lugar de importancia en su vida (continuar con la empresa familiar de su padre, vendiendo estufas, por ejemplo).

De la misma forma, si la palabra "honesto" posee funciones apetitivas (adquiridas también por vía relacional), las funciones del señor Z serán más apetitivas que las de los señores X e Y, aun cuando no hayamos tenido contacto alguno con ellos. Es decir, las funciones de los señores que forman parte de la relación fueron transformadas por vía relacional. Cualquier estímulo que participa de un marco relacional puede ver transformadas sus funciones por su relación con otros estímulos. De esta manera, un evento puede adquirir diferentes funciones simplemente por participar de un marco relacional determinado.

A modo de ejemplo, imaginemos que hace poco tiempo has terminado una relación con Juan o Juana y que esa relación no ha sido una experiencia muy agradable para ti. Ahora imagina que una amiga quiere presentarte a una persona, pero antes de presentártela te dice: "este/a chico/a es mucho peor que Juan/a". Solo esa información puede ser suficiente para que escojas no conocer a esa persona, pese a no haber tenido contacto alguno con la misma. En el ejemplo, la persona que vas a conocer es un estímulo verbal, en tanto que parte de sus funciones vienen dadas por su participación en marcos relacionales de comparación ("es *peor que*"). Así, la persona por conocer adquiere funciones aversivas y discriminativas (señal de que algo malo puede pasar si interactúas con ella), mediante la transformación de funciones por vía relacional. La transformación de funciones dependerá siempre del tipo de relación establecida entre los eventos (imagina que en lugar de una relación de *comparación* hubiese sido una relación de *coordinación* o *equivalencia*), y también es controlada por claves contextuales.

Dado que cualquier evento puede enmarcarse en relaciones arbitrarias lo señalado hasta aquí también aplica a los eventos psicológicos. De esta manera, si relacionamos ciertas señales fisiológicas con el peligro (como en el caso de autorreglas del tipo "si siento taquicardia, voy a morir"), un estímulo tan corriente como agitarse cuando corremos puede transformarse, por vía relacional, en un estímulo con funciones discriminativas aversivas aun en ausencia de contingencias directas.

### 3.1.4. El control contextual de las RRAA

Como podrás comprender, la RFT se enmarca dentro de los objetivos de la Ciencia Comportamental Contextual, por lo cual se apunta a explicar fenómenos tan complejos como la conducta verbal de un individuo con pocos principios (parsimonia). Como ya señalamos, desde la RFT la RRAA se entiende como una operante, por lo cual podemos asumir que su adquisición puede explicarse por los mismos principios que utilizamos para explicar la adquisición de cualquier operante: discriminación, reforzamiento, castigo, extinción, etc.

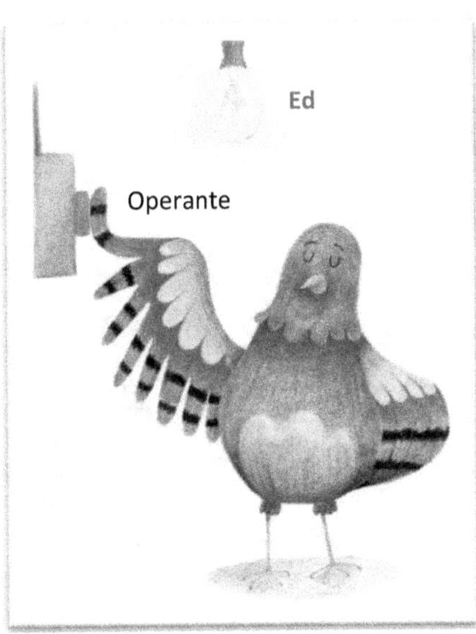


**Figura 12**: Rolo el palomo representando gráficamente la operante discriminada.

Imagina una paloma que ha aprendido a presionar un botón para obtener alimento solamente cuando la respuesta es precedida por una luz azul. Este es un ejemplo clásico para entender la unidad de análisis del aprendizaje operante, la operante discriminada.

Dicho en forma simple, este nombre implica que la unidad básica de estudio de un comportamiento es el *acto en contexto*, es decir, una conducta ocurre siempre en relación con un evento que la precede y una consecuencia. En el ejemplo podríamos decir que la paloma *discrimina* una oportunidad para responder, ya que en presencia de la luz azul las probabilidades de obtener comida son mayores, de forma tal que la luz opera como un evento del contexto que influye en el comportamiento (ver Figura 12). La luz en este caso se denomina Estimulo Discriminativo y, dado que la consecuencia aumenta la probabilidad de ocurrencia de la respuesta, hablaríamos de una contingencia de reforzamiento positivo.

Ahora imagina que la paloma ha aprendido a responder oprimiendo el botón solamente cuando aparece el mayor de tres círculos, para de esa manera obtener el deseado alimento (Figura 13).

En este caso estaríamos frente a una operante relacional, y podríamos decir que la paloma responde abstrayendo el tamaño de los estímulos como clave contextual que permite discriminar cuando responder. Como ya señalamos, todos los organismos complejos responden de acuerdo a las relaciones de los eventos basadas en propiedades o claves físicas o formales Sin embargo, desde la RFT se plantea que para que el comportamiento

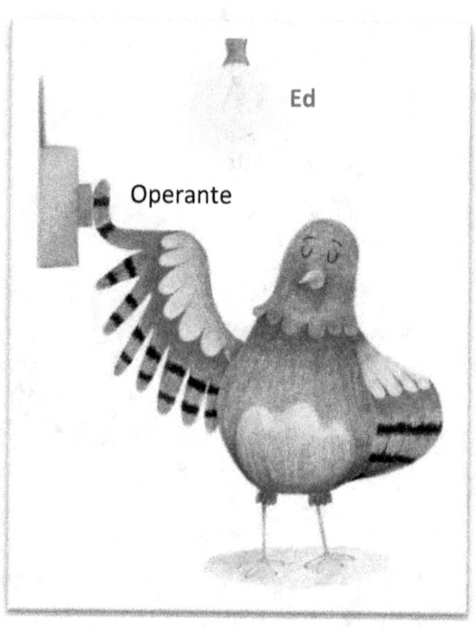


**Figura 13:** Rolo el palomo representando gráficamente la operante relacional

relacional pueda ser considerado verbal el mismo debe estar controlado por claves que van más allá de las propiedades no arbitrarias de los estímulos que participan en la relación (Luciano et al, 2009). La respuesta relacional que inicialmente era controlada por las propiedades físicas del estímulo, debe estar controlada por claves arbitrarias o independientes de las contingencias directas de los eventos en relación.

Para comprender mejor esto, observa las dos figuras que se te presentan a continuacion. Son dos figuras abstractas que con gran probabilidad pueden no tener un significado específico para ti (de hecho son muy similares al tipo de figura que suele utilizarse en algunos experientos en la RFT) :

1

2

En terminos de sus propiedades físicas talvez podriamos decir que son diferentes en su forma y color. Sin embargo, podríamos establecer una nueva relación entre estos eventos independiente de sus propiedades físicas de acuerdo a la siguiente clave: la figura 1 *es el doble* de la figura 2. Esta clave verbal (en cursivas) establece el tipo de relación que vamos a establecer entre estos dos eventos, por lo cual reciben el nombre de "*Crel*" (clave relacional) y su caracter arbitrario permite que puedan aplicarse a múltiples eventos, más allá de sus propiedades formales.

Si respondes a la clave es el doble de cuando tienes que escoger entre las dos formas podrás derivar una serie de relaciones entre los estimulos que dará cierta "coherencia" (reducirá la incertidubre). Sin embargo aún no sabes en qué atributo o propiedad la forma 1 es el doble de la forma 2. En el contexto funcional del experimento con Rolo, asumiendo que es una paloma con conducta verbal, las claves del contexto que influyen en su conducta estarán vinculadas con las funciones apetitivas de la comida.

De esta manera, Rolo escogerá con mayor probabilidad la forma 1, ya que es "el doble de comida" que la forma 2. Algo diferente sería si el contexto funcional del experimento fuese de tipo aversivo (escapar de un shock, por ejemplo). Las claves del contexto que informan al organismo el tipo de función a transformar de acuerdo a la relación establecida se denomina "*Cfunc*" (clave funcional).

Una vez incorporadas las RRAA al repertorio conductual de la persona, la implicacion mutua y combinatoria queda bajo el control de las *Crel*, y la trasformación de funciones bajo el control contextual de las *Cfunc*. En otro ejemplo, podríamos decir que

**Figura 14:** Rolo el palomo representando gráficamente la RRAA

"Julio es mejor que Fabián practicando Aikido". Las palabras "es mejor que" funcionan como *Crel* (para un marco de comparación) y las palabras "practicando Aikido" como *Cfunc* (estableciendo que aspectos de los eventos de la relación serán transformados).

Podemos pensar un ejemplo en términos más cercanos a nuestra vida cotidiana. Imagina que se da a escoger a un niño con habilidades verbales no muy desarrolladas entre dos monedas de diferente tamaño, y se le solicita que escoja la de "mayor valor". Es muy probable que el niño escoja la que tiene un mayor tamaño, ya que su respuesta relacional aún es controlada por las propiedades físicas de los eventos en relación. Sin embargo, una vez que el niño ha adquirido un adecuado repertorio de RRAA, puede escoger la moneda basándose en su valor monetario, independientemente de su menor tamaño. Considerando que la moneda puede permitir al niño acceder a algunos bienes deseados, la más valiosa será tambien la más apetitiva (Cfunc),

Por todo lo dicho hasta aquí, comprenderás cuando decimos que la RRAA no es una conducta que ocurra en el vacío, ya que es influida por las *Crel* y las *Cfunc*. No relacionamos de la misma manera en diferentes contextos o, dicho de otra manera, la RRAA es un acto en contexto ya que está siempre influida por factores del contexto histórico y actual.

De la misma manera, la RRAA no es una capacidad genéticamente programada, sino que es aprendida por medio de una historia de entrenamiento en múltiples ejemplos, es decir, es moldeada a partir de las consecuencias. Asimismo, el proceso de aprendizaje de las RRAA requiere que ciertos estímulos (generalmente palabras específicas o frases) se conviertan en *Crel* y *Cfunc*. Con el paso del tiempo, las claves tambien puede relacionarse entre si ("the same" es inglés equivalente a "es lo mismo" en español) constituyendo clases funcionales, en las que cualquier evento puede funcionar como clave (gestos, silencios, e incluso elementos del medio ambiente). De esta manera nuestro comportamiento relacional adquiere cada vez mayor fluidez y flexibilidad (Luciano et al, 2009).

Tal como señala Barnes Holmes (2018) el concepto de marco relacional fue elaborado para dar cuenta de cómo el lenguaje transforma nuestras reacciones al mundo, sin centrarse solamente en un análisis teórico del razonamiento humano. La RRAA es un comportamiento que permite explicar la simbolización de los eventos y la generatividad del lenguaje. Cuando la RRAA emerge, el individuo es capaz de abstraer las relaciones entre eventos lo cual permite que la respuesta relacional trascienda las propiedades físicas de los eventos y quede bajo control contextual arbitrario. Enmarcando estímulos en relaciones con otros estímulos y derivando nuevas relaciones sin necesidad de que las mismas sean entrenadas aprendemos a responder verbalmente al mundo.

### 3.1.5. El mundo como contexto verbal

Por lo dicho hasta aquí, comprenderas que sólo el ser humano puede responder relacionalmente y derivar nuevas relaciones a claves arbitrarias del contexto, ya que es expuesto a una historia de contingencias por parte de la comunidad verbal que moldea este repertorio avanzado de respuestas relacionales (Hughes & Barnes Holmes, 2016).

Desde la RFT, se plantea que una de las primeras formas de relacionar arbitrariamente eventos es por medio de relaciones de *coordinación* o *equivalencia* (Luciano et al., 2009), que constituyen la base de la simbolización. Un niño puede aprender que esa circunferencia que ve por las noches en el cielo (X) se llama "luna" (Y). Estas relaciones son reforzadas en ambas direcciones, es decir, tanto cuando el niño dice "luna" al ver el objeto, como cuando se orienta hacia el objeto al escuchar la palabra "luna". Las relaciones bidireccionales habitualmente se establecen (y son reforzadas) en presencia de claves que en nuestras interacciones cotidianas a veces tienen forma de preguntas (¿qué es eso?, ¿dónde está la luna?). Cada día el niño recibe los efectos de la retroalimentación de su conducta, que refuerza y corrige la forma de relacionar. El niño obtendrá consecuencias explícitas de su comunidad verbal, de acuerdo con su forma de responder relacionalmente en términos de equivalencias objeto-sonido y sonido-objeto, a través de múltiples ejemplos con objetos, personas, comida, etc.

Esta historia de interacciones entre el comportamiento del niño y su ambiente, resultará en la emergencia de la habilidad de establecer relaciones de *coordinación* con cualquier estímulo, más allá de su topografía o forma específica. El niño podrá aprender, por ejemplo, que la palabra "luna" (Y) equivale a la palabra escrita "L-u-n-a" (Z) y luego derivar nuevas relaciones, como las siguientes: *palabra sonido = objeto* (al nombrar la luna

el niño se orientará hacia el cielo, por ejemplo), *palabra escrita =*
*palabra sonido*, *objeto = palabra escrita* y *palabra escrita = objeto.*
(Ver Figura 15)

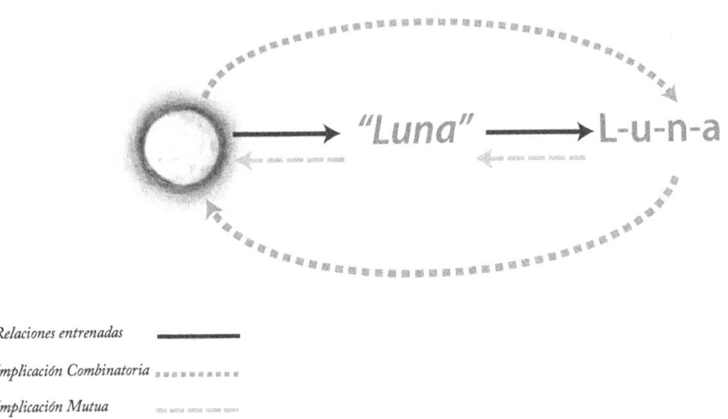


**Figura 15**: Propiedades básicas de la RRAA. Relaciones entre eventos "palabra" y sus referentes

Sumado a esto, si en su historia de aprendizaje el niño experimentó situaciones agradables en noches de luna llena, la palabra "luna" podría adquirir funciones apetitivas derivadas por vía relacional.

De acuerdo con Luciano et al. (2007), el aprendizaje de marcos de coordinación es la base para la comprensión del efecto reforzante del dar sentido o coherencia relacional. El aprendizaje a partir de múltiples ejemplos permite al niño aprender lo que está bien y lo que está mal relacionado, ya que recibe retroalimentación acerca de la medida en la que una relación es "coherente" o no con lo esperado.

La complejidad en la forma de relacionar del niño se incrementa rápidamente, una vez que ha adquirido las operantes relacionales de coordinación. Aun cuando la secuencia específica de adquisición de operantes relacionales con la edad es todavía algo por determinar a nivel empírico, el niño adquiere rápidamente la capacidad de relacionar en términos de distinciones, oposición, comparación, jerarquía, temporalidad, condicionalidad y relaciones deícticas (Hughes & Barnes-Holmes, 2016). Para la RFT, todos los marcos relacionales tienen las mismas propiedades (implicación mutua, implicación combinatoria y transformación de funciones) y lo que los diferencia es el tipo de relación derivada y la transformación de funciones que se produce (Luciano et al., 2007).

Una vez que se aprende a enmarcar de otras maneras, esta conducta colabora al poder de la coherencia y la conducta de relacionar se hará reforzante en sí misma, aun cuando el resultado de la transformación de funciones sea aversiva. De hecho, algunos consultantes informan acerca de una pequeña oleada de energía agradable cuando estas derivaciones ocurren. Incluso puede ser apetitivo dar "sentido" a las cosas, aunque las historias que utilicemos no sean útiles en términos de la vida que queremos tener. Así, por ejemplo, el solo hecho de preocuparnos puede darnos cierto alivio, al menos a corto plazo (Roche, Barnes-Holmes, Barnes-Holmes, Stewart & O'Hora, 2002).

Las RRAA son muy difíciles de romper una vez establecidas, incluso con entrenamiento directo (Wilson & Hayes, 1996). Intenta, por ejemplo, no tener ninguna imagen al leer estas palabras: "un oso rosado". Posiblemente hayas tenido que hacer cierto esfuerzo para que la imagen no aparezca en tu mente. Como lo habrás comprobado en este ejercicio, es muy difícil romper con las relaciones y las mismas se mantienen indefinidamente.

Una vez que hemos desarrollado un adecuado repertorio de RRAA, podemos relacionar cualquier evento con cualquier otro de maneras infinitas, aún en ausencia de una historia de reforzamiento o entrenamiento directo (Blackledge, 2003), por lo que cualquier evento, objeto o estímulo del medio puede transformarse en verbal. Podremos establecer relaciones entre relaciones, permitiendo que emerjan complejas redes relacionales, que incluyen relaciones entre eventos públicos y privados (pensamientos, emociones, recuerdos y sensaciones entre sí) y la transferencia de funciones entre ellos. La RFT concibe al lenguaje como un comportamiento influido por el contexto y como un contexto (contexto verbal) que puede influir en la ejecución y el aprendizaje de nuevos comportamientos. Esto no quiere decir que relacionemos eventos de una manera completamente arbitraria todo el tiempo (Törneke, 2010), sino que en la mayoría de las situaciones utilizamos RRAA en combinación con relaciones no arbitrarias y contingencias directas, lo que explica la gran flexibilidad del repertorio comportamental del ser humano.

De esta forma, con el tiempo, el niño del ejemplo podrá leer y responder al siguiente pasaje:

*"¡Oh! No jures por la luna, por la inconstante luna, que cada mes cambia al girar en su órbita, no sea que tu amor resulte tan variable."*

(William Shakespeare, *Romeo y Julieta*, Escena 2).

La mayoría de los logros del ser humano han sido posibles gracias a la RRAA, así como los mayores daños. Hemos construido satélites de telecomunicación y los hemos puesto en órbita, también construimos armas de destrucción masiva. Si bien la RRAA constituye una herramienta fundamental para la supervivencia, también es la base de gran parte del sufrimiento típicamente humano, dado que respondemos en gran medida a los acontecimientos a partir de funciones derivadas, en lugar de hacerlo a partir de las funciones directas de los eventos (Polk & Schoendorff, 2014).

## 3.2. Relacionar, Orientarse y Responder

Recientemente, Barnes-Holmes (2018) propuso una nueva forma de conceptualización de los eventos psicológicos en humanos verbales basada en la RFT, al que denominó como modelo *ROE-ing*[1]. Este modelo propone que los seres humanos están involucrados en un flujo constante de comportamiento simbólico (o actos de significado), que puede resumirse en tres procesos principales: *relacionar*, *orientar* y *evocar*.

Como hemos visto, la RFT considera que la habilidad humana de *relacionar* arbitrariamente o enmarcar eventos es la base de nuestra capacidad para elaborar historias, reglas e instrucciones, y muchas otras habilidades complejas típicamente humanas; *orientar* se refiere a la capacidad humana de notar o atender a estímulos y eventos; y, *evocar* se refiere a la forma en la que respondemos al estímulo de acuerdo a las funciones de los eventos relacionados (apetitivo, aversivo o relativamente neutral).

Para que esto quede más claro, imagina que estás caminando en medio de la montaña y tu acompañante te advierte: "No toques la planta verde con hojas grandes, ya que es venenosa y te generará mucho dolor si la tocas". Si comprendes esta advertencia, estaríamos frente a un ejemplo de relacionar **(R)**. Esto hará mucho más probable que te orientes **(O)** hacia esas plantas cuando aparezcan en el camino y que, cuando te encuentres con una de ellas, la respuesta evocada sea alejarte para evitar el peligro **(E)**. En el ejemplo puede verse que las tres respuestas son útiles a nivel evolutivo, ya que te ayudarían a evitar una situación aversiva y dolorosa. Sin embargo, esta misma capacidad verbal puede ser la base de muchos otros comportamientos problemáticos. El modelo ROE sirve precisamente para observar con

---

[1] La *ing* al final del acrónimo es importante en el inglés, ya que transforma el mismo en un verbo, indicando que cada uno de los términos que forman el acrónimo son acciones.

mayor claridad nuestra "falla de origen" y pone de manifiesto que los mismos procesos verbales normales y adaptativos son la base del sufrimiento humano (lo que en ACT a veces se denomina "el lado oscuro del lenguaje").

Así, por ejemplo, pensemos en Juan, nuestro consultante del capítulo anterior. Juan responde a sus sensaciones físicas relacionándolas arbitrariamente **(R)** como equivalentes a peligro o como causa de muerte potencial. En el ejemplo, Juan puede derivar múltiples relaciones que no han sido directamente entrenadas ("Si tengo estas sensaciones, voy a morir", por ejemplo). Así, Juan puede derivar la relación "salir sin compañía es peligroso", a partir de la combinación de otras relaciones. Consistentemente, esta forma de relacionar aumenta la probabilidad de que Juan se oriente **(O)** hacia cualquier sensación física que se vuelve aversiva a través de un proceso verbal, y que esto evoque una respuesta de escape **(E)**. De esta forma, cuando Juan note **(O)** que estas sensaciones están presentes, es probable que realice alguna conducta de escape o evitación **(E)**.

Los tres elementos del ROE son dinámicos y constituyen una unidad de análisis donde funcionan juntos en la mayoría de nuestras respuestas psicológicas. Así, incluso una respuesta de orientación hacia algún estímulo particular en nuestro campo sensorial puede basarse en nuestra capacidad de relacionar verbalmente. Sumado a esto, la interacción entre estos comportamientos no es lineal, ya que pueden influirse de forma interactiva. En el mismo ejemplo, imagina que Pedro, a diferencia de Juan, no ha aprendido a relacionar sus sensaciones físicas con el peligro, por lo que estará menos propenso a orientar su atención hacia ellas. Sin embargo, imaginemos que Pedro sufre un ataque al corazón y su médico le dice "qué bueno que te diste cuenta del dolor en tu brazo izquierdo, eso te salvó la vida". Pedro podría comenzar a responder a autorreglas del tipo "si me duele el brazo, puedo tener un infarto", que le llevarán a llamar al médico cuando tenga alguna de estas sensaciones. En este ejemplo puede verse que un evento determinado puede operar como una clave contextual para que la persona relacione y se oriente a los eventos del contexto de una determinada manera, lo que finalmente evoca una respuesta específica.

Así, aprendemos a responder a los eventos a partir de funciones derivadas, lo que da como resultado que nuestras acciones no solo sean influidas por eventos de los cincos sentidos, sino predominantemente por contextos verbales. Los contextos verbales pueden ser útiles para acercarnos a lo que es más importante para nosotros o, por el contrario, pueden ocasionar un estrechamiento del repertorio de comportamiento y una menor flexibilidad y sensibilidad a las contingencias (Hayes, Strosahl & Wilson, 2012). La utilización de la Matrix apunta a entrenar a las personas en una forma específica de relacionar, orientarse y responder. Esta forma específica implica una aproximación flexible y contextualmente sensible.

# Capítulo 4
# La Flexibilidad Psicológica desde la RFT

Siguiendo a Törneke et al. (2016), desde la RFT se considera que existen dos habilidades verbales fundamentales para la supervivencia humana que, paradójicamente, también son las responsables del sufrimiento psicológico: a) el seguimiento de *reglas* e *instrucciones* y, b) la forma en la que interactuamos con nuestro propio comportamiento. A continuación desarrollaremos resumidamente la propuesta de estos autores, que servirá de base para comprender los tres pasos para el EFP presentados en este manual.

## 4.1. El seguimiento de reglas e instrucciones

Desde el momento en que una persona aprende a relacionar bajo la influencia de claves contextuales arbitrarias, estas relaciones permiten que las funciones de los eventos se transformen también en forma arbitraria, dependiendo de la historia de aprendizaje específica del individuo (Törneke et al., 2016). La capacidad de establecer RRAA permite que la regulación de la conducta trascienda las funciones intrínsecas de los eventos, permitiendo una mayor flexibilidad en nuestra manera de responder a las demandas del entorno. Una vez adquirida la capacidad de establecer RRAA podemos comportarnos en forma mucho más efectiva de lo que lo haríamos si solo nos basáramos en el aprendizaje por contingencias, ya que el lenguaje nos permite persistir en el tiempo cuando las consecuencias son demoradas o incluso inexistentes, letales, o sutiles (Hayes, Strosahl & Wilson, 1999).

Así por ejemplo, podemos responder a un evento basándonos en la especificación verbal de una conducta y sus consecuencias, lo que se ha denominado tradicionalmente como regla o instrucción. Una regla o instrucción podría conceptualizarse como una enunciación verbal que especifica relaciones entre conductas y consecuencias (Reyes & Kanter, 2017); especifican qué hacer (conducta), en un contexto específico (antecedente), para lograr un propósito (consecuencia). Por ejemplo, considera la siguiente regla: "retira el pan del horno y déjalo reposar fuera por cinco minutos, para lograr una mejor consistencia". Puedes ver que se especifica una conducta (retira el pan del horno y déjalo reposar fuera), en un contexto implícito (cocina) y una consecuencia (lograr una mejor consistencia).

Por su lado, Hayes & Wilson (1993) definieron a las reglas como antecedentes verbales, es decir, antecedentes que tienen funciones específicas que fueron adquiridas debido a que participan en marcos relacionales. Así, desde la RFT, este fenómeno puede comprenderse como una forma compleja de regulación relacional o una forma compleja de aplicar nuestro repertorio de RRAA, que involucra la derivación de redes de relaciones que especifican relaciones temporales, condicionales y de coordinación entre comportamientos y consecuencias, y que transforman las funciones de los eventos. Debido a la naturaleza relacional del aprendizaje verbal, la simbolización de consecuencias a partir de una regla puede generar efectos similares a los de la presencia física del resultado, debido a la cualidad bidireccional de las respuestas relacionales.

A partir de la RFT, se argumenta que la utilidad de las reglas es justamente su capacidad para transformar las funciones de los elementos incluidos en ella, lo que permite regular el comportamiento sin necesidad de experimentar de forma directa las funciones de los mismos. A partir de eso, el comportamiento puede regularse por consecuencias distantes en el tiempo o el espacio, o por consecuencias abstractas ("Si lo hago, voy a ser una buena persona", por ejemplo); incluso consecuencias que nunca hemos obtenido y que quizá nunca obtengamos (Törneke et al., 2016; Törneke, Luciano, Valdivia & Salas, 2008).

Un punto importante a señalar es que las reglas muchas veces no son explícitas o algunas de sus partes pueden no serlo. Así, el seguimiento de reglas puede inferirse a partir de patrones de comportamiento, donde el seguimiento es explícito, aunque la formulación de la regla no lo sea.

### 4.1.1. Distintos tipos de seguimiento de reglas

En esencia, habría tres tipos básicos de seguimiento de reglas (Törneke, Luciano, Valdivia & Salas, 2008), que pueden diferenciarse por la historia de contingencias de reforzamiento al que se asocia cada uno. El seguimiento *pliance*, por ejemplo, implica seguimiento basado en una historia de reforzamiento socialmente mediada por la coordinación entre la conducta del individuo y la conducta prescrita por la regla. En términos más sencillos, el individuo ha sido reforzado por hacer lo que se debe hacer (de acuerdo a las reglas). Así, este tipo de seguimiento requiere: a) que el organismo haga lo que plantea la regla, b) que la comunidad verbal detecte que lo que el organismo hace equivale a lo que la regla prescribe, y c) que la comunidad verbal brinde algún tipo de refuerzo.

Pensemos en Marina, por ejemplo, quien suele comprar chocolates para todos sus amigos el día del amigo, siguiendo la siguiente regla: "el día del amigo hay que regalar chocolates para que tus amigos se pongan felices". Aunque algunos de sus amigos le han dicho que no se sienten muy cómodos con esos regalos, Marina se siente muy mal cuando no lo hace. Podríamos suponer que la conducta de comprar chocolates es altamente apetitiva para Marina, dado que sus funciones derivan de "hacer lo que se debe hacer", producto de una extensa historia de reforzamiento por seguir reglas. En este caso, diríamos que Marina presenta un seguimiento pliance.

Sin embargo, podemos imaginar el mismo ejemplo, solo que esta vez Marina compra los chocolates basándose en una historia de coordinación entre las consecuencias planteadas por la regla y las consecuencias naturales de su acción, también denominado seguimiento *tracking*. De esta manera, Marina compra chocolates para sus amigos el día del amigo basándose en que, efectivamente, sus amigos se ponen muy felices cuando hace esto. En este caso puede verse claramente que aun cuando la conducta sea la misma, el seguimiento de reglas es funcionalmente diferente.

Existe un tercer tipo de seguimiento de reglas, cuya característica definitoria permite diferenciarlo de los otros dos: el seguimiento augmenting. Este tipo de seguimiento funciona en coordinación con los ya revisados, al influir en el grado en el que las consecuencias especificadas por la regla funcionan como reforzadores o castigos. Así, por ejemplo, que Marina compre o no chocolates para sus amigos va a depender de que las consecuencias de seguir la regla sean importantes para ella. Si lo son, éstas van a aumentar (augmenting) el valor apetitivo de dichas conductas. Tanto en el caso de pliance cuanto de tracking, podríamos pensar que para Marina es importante comprar chocolates para ser una buena amiga, solo que en el tracking las consecuencias de regalar chocolates son la fuente de información acerca de la utilidad de la regla. Como podrás ver, el seguimiento augmenting involucra la alteración del valor de la consecuencia de la regla seguida, al coordinarse con una red relacional que aumenta sus funciones (altera su valor motivacional).

Importa señalar que las consecuencias que pueden funcionar como *augmentals* no necesariamente tienen que ser concretas y tangibles, sino que pueden ser abstractas e inalcanzables, y muchas veces su valor motivacional puede aumentar en estos casos sosteniendo conductas que parecen incomprensibles si solamente atendemos a sus consecuencias concretas e inmediatas (dar la vida por la patria, por ejemplo). Considérese además que no estamos hablando de tipos de reglas sino de tipos de seguimiento de reglas que pueden ser problemáticos en algunos contextos. Coincidiendo con Törneke (2010) las reglas son unidades funcionales por lo que la topografía formal de la regla (cómo está formulada) no es lo que realmente importa sino el tipo de seguimiento. Aunque el contenido de la regla sea el mismo, el tipo de seguimiento puede ser diferente, de acuerdo a la historia de aprendizaje.

Quizás el extensivo reforzamiento que recibimos desde nuestro nacimiento puede explicar que el seguimiento de reglas sea en sí mismo algo apetitivo para el ser humano. De esta manera, muchas veces nos comportamos de modos particulares solo porque estamos siendo coherentes con ciertas reglas o mandatos sociales. En estas circunstancias, la influencia de las reglas sobre el comportamiento puede superar la influencia de las consecuencias directas, explicando por qué los humanos podemos persistir en conductas valoradas sin reforzadores a corto plazo e incluso persistir en comportamientos poco efectivos. Así, esta capacidad puede ser la base de un comportamiento flexible y útil, o inflexible e inefectivo para la persona.

Cuando el seguimiento de reglas verbales es problemático, somos menos sensibles a los cambios en el ambiente que no son contactados o descritos por la regla (Hayes, Brownstein, Haas & Greenway, 1986; Hayes, Zettl & Rosenfarb, 1989). En estos contextos, el individuo tiene dificultades para rastrear (*tracking*) los cambios en el ambiente con precisión, lo que disminuye la eficacia de su comportamiento para aproximarse a aquello que es más importante para él y para evaluar el costo de su comportamiento inefectivo (Hayes, Strosahl & Wilson, 1999).

## 4.2. La interacción verbal con nuestro propio comportamiento

Según Skinner (1953), existe una diferencia entre comportarse e informar que uno se está comportando. Así, hay una gran diferencia entre decir "esa es la luna" y decir "yo veo la luna". En el segundo caso, la persona está describiendo su propio comportamiento de ver y es un ejemplo de lo que aquí denominamos interactuar con nuestro propio comportamiento.

Todos los organismos pueden, de alguna manera, interactuar con su propio comportamiento, pero el ser humano puede hacerlo de una manera mucho más flexible y compleja ya que no solo interactúa con su propio comportamiento sino que lo hace verbalmente. Una vez adquirido el lenguaje, el mismo comienza a "impregnar" todo, de forma que terminamos viviendo en un contexto verbal y respondiendo al mundo a partir de las historias y reglas que elaboramos. Por esto mismo, nuestro propio comportamiento pasará a formar parte de estas complejas redes relacionales

Tal como señalan Stewart, Villate y McHugh (2012), tan pronto como los seres humanos comenzamos a ser verbalmente conscientes de nosotros mismos, comenzamos a interpretar, explicar y evaluar nuestro comportamiento. De la misma manera que podemos decir "auto" cuando vemos el objeto auto, también podemos decir que sentimos tristeza cuando identificamos una serie de cambios fisiológicos. Describir y nombrar pueden considerarse formas verbales de interacción (si se cumplen las tres características ya señaladas para la RRAA), por lo que, en este ejemplo, decir "Yo siento tristeza" involucra una forma verbal de interacción con nuestro propio comportamiento. Existen complejas formas de interacción verbal con el comportamiento, como cuando hacemos cosas o dejamos de hacerlas basándonos en reglas acerca de las emociones u otros eventos privados, aspecto que desarrollaremos a continuación.

### 4.2.1. El seguimiento de autorreglas

El seguimiento de *autorreglas* constituye una manera especial de interactuar verbalmente con nuestro comportamiento. Siguiendo a Törneke et al. (2017), las *autorreglas* son reglas dirigidas a uno mismo que influyen en nuestras acciones, ya que especifican conductas y consecuencias potenciales, y constituyen un tópico de gran importancia en la moderna ciencia de la conducta humana. Una gran cantidad de fenómenos psicológicos pueden explicarse a partir de la influencia de estas reglas autodirigidas. Sin duda, esta capacidad es una herramienta básica de supervivencia y permite explicar múltiples logros humanos. La misma posibilidad de vivir en comunidad descansa en gran medida en esta capacidad.

Algunas autorreglas son muy simples ("debería correr la cortina, si quiero ver la luna"), mientras que otras son más complejas. Algunas son elaboradas y explícitas, otras más sutiles y automáticas, aunque en todos los casos determinan la manera en la que nos relacionamos con nuestro propio comportamiento y con el mundo. Dado el carácter adaptativo de la conducta de elaborar y responder a reglas, su generalización a nuestras experiencias internas es algo comprensible, aunque los resultados de la investigación han demostrado que no parece que el uso del lenguaje sea excesivamente útil (al menos a largo plazo) cuando intentamos controlar de algún modo lo que sentimos, pensamos, etc., o cuando pretendemos ser sensibles a lo que la situación ofrece a nivel de consecuencias directas.

Por ejemplo, piensa en la siguiente regla: "Tengo que controlar mi ansiedad o me voy a morir de un infarto". En la regla puede observarse que se especifica qué hacer (controlar la ansiedad), para obtener una consecuencia (no morir de un infarto); que esta consecuencia puede operar como un reforzador negativo y que comprender esta regla depende de un variado número de marcos relacionales (coordinación entre cada término y su referente, condicionales "si-entonces", *temporales*, de *distinción*, etc.). La red relacional, a su vez, transforma las funciones de la ansiedad al ser enmarcada como antecedente de una consecuencia aversiva. La ansiedad pasa de esta manera a controlar la conducta de la persona (como $Ed^2$), evocando una respuesta de evitación que puede persistir, aun cuando las contingencias informen que la ansiedad no puede controlarse y que incluso puede aumentar frente a estas estrategias de control (Hayes, Strosahl & Wilson, 2014).

De la misma manera que Marina sigue comprando chocolates para sus amigos sin atender a las consecuencias de su conducta, podemos seguir autorreglas de manera inefectiva. Imaginemos que Marina tuvo una pelea con una de sus amigas e intenta no sentir culpa ni tristeza por lo sucedido, atendiendo a ciertas reglas de evitación de estas experiencias. Así, puede poner en práctica diferentes conductas de evitación tales como dejar de ver a sus amigas, no hablar sobre ellas o incluso intentar encontrar explicaciones o causas que mitiguen su responsabilidad, cayendo en un proceso de rumiación que aumenta aún más las funciones aversivas de la red relacional.

_______________

[2] *Estímulo discriminativo.*

El seguimiento problemático de *autorreglas* puede disminuir la sensibilidad a las contingencias directas (insensibilidad contextual), aumentando el control de tales reglas y llevando, en ocasiones, a la persistencia en cursos de acción inefectivos. Esto se hará aún más problemático en la medida que tengamos dificultades para interactuar en forma flexible con nuestro comportamiento. Esta manera especial de interacción con el propio comportamiento depende de un avanzado repertorio verbal, que podrás comprender mejor en el siguiente apartado

### 4.2.2. El Yo  desde la RFT

La conceptualización del Yo o la experiencia de ser uno mismo ha sido un foco de interés en la psicología moderna. Este aspecto de la experiencia humana  fue abordado por primera vez de manera extensa por William James y, desde entonces, ha ocupado un lugar fundamental en la explicación del comportamiento humano desde diferentes abordajes teóricos, siendo los enfoques humanistas los que más atención y estudio le brindaron (Stewart, Villate & McHugh, 2012). Sin embargo, hasta nuestros días no se había logrado desarrollar una definición operacional precisa de este concepto basada en investigación empírica, lo que quizás ha comenzado a cambiar a partir de los aportes de la RFT.

Un primer aspecto a considerar es que, si somos consistentes con el punto de vista de la RFT, el Yo no va a ser una estructura ni una entidad, sino una acción o comportamiento y, según lo dicho hasta aquí, un comportamiento verbal. Por esto,  podría decirse que es más apropiado pensar el término como verbo y, de hecho, así se utiliza en la literatura RFT ("*selfing*"[3], en lugar de "*self*"), toda vez que nos referimos a este repertorio.

---

[3] En el idioma inglés, en algunos contextos  la terminación "ing" transforma el sustantivo en verbo. Dado que en el idioma español la traducción no es muy feliz, se optó por mantener el término en su idioma original.

Es importante enfatizar también que el *selfing*, como comportamiento verbal, debe pensarse como una compleja y dinámica red de relaciones (relaciones de relaciones), en lugar de como una RRAA simple y única (Barnes-Holmes, 2018; Luciano, 2017). Sin embargo, dentro de esta compleja red, los marcos deícticos ocupan un lugar de importancia.

Los marcos deícticos involucran tres tipos de RRAA: espaciales (Aquí versus Allá), personales (Yo versus Tú) y temporales (Ahora versus Entonces), y dan lugar a una perspectiva emergente sobre la que descansa nuestra capacidad de comprensión de nosotros mismos, del espacio y del tiempo. Coincidiendo con McHugh, Barnes-Holmes y Barnes-Holmes (2009), la capacidad de establecer relaciones deícticas permite desarrollar una perspectiva de "Yo, Aquí, Ahora", que sirve como un locus estable, desde el que nos podemos diferenciar del "Otro, Allá, Entonces". De acuerdo con estos autores, la capacidad de establecer relaciones deícticas es la base de los procesos de toma de perspectiva, necesarios para la comprensión del punto de vista de otra persona y la respuesta afectiva resultante. Como lo señala Törneke (2010), la capacidad de toma de perspectiva que emerge de este responder relacional es la base de la experiencia humana del Yo.

Por medio de un proceso de moldeamiento, a través de contingencias verbales, los niños aprenden a hablar de sí mismos como entidades psicológicas separadas y con mundos psicológicos privados (Barnes-Holmes et al., 2018). En múltiples interacciones con la comunidad verbal, el niño aprende a responder a preguntas del tipo: "¿Qué estás haciendo *ahí*?", "¿dónde está mamá *ahora*?", "¿cuál es *tú* nombre?". Los aspectos del ambiente físico en el que estas preguntas se formulan van a diferir a lo largo de múltiples ejemplos, pero los patrones relacionales deícticos *Yo-Tú*, *Aquí-Allá* y *Ahora-Entonces*, se mantendrán consistentes, permitiendo la abstracción de los mismos a lo largo de múltiples interacciones, pasando a estar controlados por claves verbales arbitrarias, de la misma manera que los otros marcos relacionales.

Imagina a un niño muy pequeño que se encuentra desayunando cereales al lado de su hermano que desayuna huevos y al que su madre le pregunta: "¿qué estás desayunando hoy?". Si el niño responde "cereales", su madre reforzará esa conducta, mientras que si el niño responde "huevos" (lo que puede ser esperable en niños pequeños), es posible que su madre lo corrija diciendo: "No, eso es lo que él está comiendo. ¿Qué es lo que *tú* estás comiendo?" (Törneke, 2010). Asimismo, la madre puede preguntarle: "¿qué hiciste *ayer* en el colegio?" y, de la misma manera, el niño será reforzado si responde adecuadamente y corregido si responde con alguna actividad que hizo hoy.

Según Barnes-Holmes (2018), el refinamiento continuo de las tres relaciones *deícticas*, le permite al niño responder adecuadamente a las preguntas sobre su Yo con relación a otros, en diferentes lugares y tiempos. Coincidiendo con este autor, a lo largo de nuestro desarrollo aprendemos que nuestra perspectiva *aquí* y *ahora* es diferente de tu perspectiva *allá* y *entonces*, y esta abstracción nos permite describirnos en términos de lo que somos, lo que nos importa, lo que queremos, cómo nos comportamos, etc., lo que solo es posible si contamos con un otro con el que compararnos y al que podamos tomar como referencia. Así, es imposible pensar en algo *pequeño* sin pensar en algo *mayor*, un *aquí* sin un *allá*, un *ahora* sin un *entonces* y un *yo* sin un *otro*.

El desarrollo del Yo se da en un contexto inherentemente social y cooperativo, en el que los otros significativos moldean este repertorio. Por esto, la constitución de un Yo deíctico requiere de un ambiente consistente y predecible, que proporcione contingencias para que la persona pueda verse a sí misma como un ser psicológicamente diferente de los otros. Cuando el desarrollo del Yo es adecuado, el ser humano está capacitado para llevar a cabo acciones complejas y sostenidas en el tiempo, ya que esto le permite planificar acciones a futuro, prever las acciones de otras personas y anticipar obstáculos que pueden aparecer en diferentes contextos, así como la potencial influencia de los mismos en el propio comportamiento. Esta perspectiva emergente de un Yo constante, estable y consciente, este locus (Hayes, Strosahl & Wilson, 1999), también permite que podamos diferenciar nuestro Yo, de nuestro comportamiento y del de otras personas.

Una vez que los marcos deícticos se aprenden y que la perspectiva del Yo emerge, estos se transforman en una propiedad presente en la mayoría de los eventos y comportamientos verbales de la persona (Stewart, Villate & McHugh, 2012; Barnes-Holmes, 2018). De esta forma, el refinamiento de nuestra perspectiva deíctica viene acompañado del desarrollo de complejas interacciones verbales con nuestro propio comportamiento, una forma verbal avanzada de autoconocimiento (Stewart, Villate & McHugh, 2012).

Cada vez que una persona habla con otra, lo hace desde la perspectiva de un *Yo-Aquí-Ahora* en relación con eventos ocurriendo *Ahí-Entonces*, demarcando una división verbal entre el hablante (siempre ubicado aquí y ahora) y aquello de lo que se habla (que ocurre ahí y entonces). En nuestro desarrollo verbal temprano, aprendemos a nombrar y describir los objetos del medio, así como nuestra conducta observable y privada. Sin embargo, si bien es relativamente fácil aprender a nombrar un objeto que puede ser percibido en forma pública, es mucho más difícil cuando se trata de  la experiencia privada (Skinner, 1957). Como señala Atkins (2013), el proceso de constitución del Yo es un proceso de aprendizaje de "auto-discriminaciones". Este proceso de auto-discriminaciones involucra la capacidad verbal de notar, describir y relacionar nuestro comportamiento con otros comportamientos y regular nuestras acciones simbólicamente.

Skinner (1976) señaló que el mundo interno de una persona solo empieza a ser importante para ella cuando es importante para los otros significativos. En otras palabras, la interacción con la comunidad verbal moldea nuestro comportamiento con relación a nuestro propio comportamiento. Si el ambiente promueve un Yo estable, la compleja red de relaciones deícticas facilita que la persona pueda relacionar de una manera específica sus comportamientos en torno a este Yo deíctico. De esta manera, la capacidad para discriminar eventos de nuestro mundo interno involucrará, además de las relaciones deícticas ya señaladas, relaciones de coordinación entre estados internos y etiquetas verbales ("Me siento triste", por ejemplo), de oposición ("Sentirse triste" es lo opuesto a "sentirse feliz"), entre otras. Sin embargo, la posibilidad de que podamos relacionarnos de forma flexible con nuestro comportamiento depende, en gran medida, de los marcos jerárquicos.

De acuerdo a lo dicho y coincidiendo con Barnes-Holmes (2018), el selfing flexible involucra una manera especial de responder a nuestra propia forma de responder, en la cual enmarcamos jerárquicamente nuestro comportamiento en torno a un Yo deíctico. La capacidad de enmarcar jerárquicamente nuestro propio comportamiento como siendo una parte del Yo, permite que podamos diferenciar experiencialmente lo que hacemos, sentimos y pensamos, de nuestro Yo que observa desde un locus estable y permanente. De la misma manera, esta capacidad permite un seguimiento "flexible" de autorreglas. Cuando la coherencia entre los tres elementos del Yo deíctico (Yo-Aquí-Ahora) se debilita, el grado en el que este locus o perspectiva puede funcionar como un lugar desde el cual relacionarse jerárquicamente con el propio comportamiento, se ve afectado.

## 4.3. La Flexibilidad Psicológica como una manera de interactuar con el propio comportamiento

La dificultad para enmarcar jerárquicamente el propio comportamiento respecto a un Yo deíctico, permite explicar diferentes problemas inherentes al proceso de autoconocimiento. Esto puede manifestarse de diferentes formas, aunque relacionadas: la persistencia inefectiva basada en autorreglas y la evitación experiencial, la pérdida de sensibilidad contextual y la coordinación del Yo con las experiencias privadas, y el control aversivo de la conducta. Asimismo, nuestras intervenciones pueden focalizarse en trabajar cada uno de estos procesos, con el propósito de fomentar la Flexibilidad Psicológica.

A partir de lo desarrollado hasta aquí, podemos proponer una nueva definición de Flexibilidad Psicológica. En capítulos anteriores presentamos una definición que probablemente haya resultado muy conocida para los que trabajan con ACT, sin embargo, y dado que nuestro enfoque en el presente manual se acerca más a la propuesta de la RFT adoptaremos la definición propuesta por Gil-Luciano, Ruiz, Valdivia-Salas & Suárez-Falcón (2017) quienes definen a la Flexibilidad Psicológica como una manera especial de interactuar con nuestro comportamiento, utilizando un repertorio verbal generalizado mediante el cual enmarcamos nuestra propia conducta en jerarquía con un Yo deíctico, lo cual reduce las funciones discriminativas aversivas de estas conductas y permite que nuestro comportamiento pueda ser regulado por reglas que especifican augmentals ligados a valores que transforman las acciones a ellas vinculadas en reforzadores intrínsecos. Invitamos al lector a leer con atención esta definición y a recordarla a lo largo de la lectura del libro, ya que la misma le permitirá contextualizar mejor nuestra propuesta de trabajo.

Esta definición establece tres puntos fundamentales a considerar. En primer lugar, que la Flexibilidad Psicológica es un repertorio verbal. En segundo lugar, que este repertorio verbal permite vincularse con la conducta de una manera determinada, desde un lugar de "contenedor o continente" de estas respuestas y reacciones. Esta posición permite una mayor sensibilidad a las múltiples influencias del contexto, reduce el control discriminativo de autorreglas problemáticas y facilita la acción efectiva, orientada a metas valiosas para el individuo. Estos tres puntos fundamentales constituyen la base de las estrategias de intervención que se desarrollarán en este libro

Uno de los aspectos más importantes de la Ciencia Comportamental Contextual se vincula con su objetivo: predecir e influir en los comportamientos. Por esto, más allá de lo interesante que pueda parecer al lector el abordaje propuesto por la RFT para fenómenos tan complejos como el seguimiento de reglas o la constitución del Yo, lo más importante es que este análisis está basado en términos técnicos que parten de principios precisos y con base experimental. A su vez, esto facilita la predicción e influencia en el comportamiento y el desarrollo de estrategias de intervención, con el propósito de desarrollar repertorios útiles para el cultivo de un mayor bienestar psicológico.

# Capítulo 5
# Tres pasos para la Flexibilidad Psicológica

Uno de los supuestos que nos guía en este libro es que el trabajo psicoterapéutico es mucho más que la aplicación de técnicas en forma mecánica, y que el mismo supone un uso estratégico de los recursos con los que contamos. En ese sentido, una estrategia terapéutica supone la integración flexible y dinámica de técnicas e intervenciones organizadas en torno a un objetivo. Basándonos en el trabajo de Törneke et al. (2016) y en lo desarrollado en capítulos anteriores, podemos plantear tres estrategias terapéuticas centrales basadas en RFT: 1) ayudar al cliente a discriminar las relaciones entre clases específicas de comportamientos y sus consecuencias problemáticas; 2) ayudar al cliente a discriminar sus propias respuestas, enmarcándolas jerárquicamente en el Yo *deíctico*, entrenando este repertorio como un repertorio alternativo; y, 3) ayudar al cliente a desarrollar este repertorio alternativo, al relacionarlo con consecuencias verbalmente construidas, deseadas y generales. Dado que para nosotros el EFP se parece mucho a una danza o una clase de Aikido, de aquí en adelante llamaremos a estas estrategias los *tres pasos para la FP*. Estos pasos se desarrollan a continuación.

## 5.1. Paso 1: Discriminar las relaciones entre clases específicas de comportamientos y sus consecuencias problemáticas

La persistencia inefectiva en cursos de acción es un patrón común en múltiples problemas psicológicos y puede explicarse por la regulación verbal basada en el seguimiento de autorreglas. De esta manera, el primer paso implica trabajar para que el consultante pueda notar la relación entre lo que hace y las consecuencias problemáticas de esto, utilizando como base el análisis funcional.

Un claro ejemplo de persistencia inefectiva es la Evitación Experiencial (EE). La EE involucra cualquier tipo de comportamiento que tenga como función el control de sentimientos, emociones, recuerdos o eventos privados de naturaleza aversiva, ya sea cambiando su contenido, suprimiéndolos o alejándose de ellos de forma activa. Si bien la EE puede ser adaptativa en algunos contextos, en otros puede no serlo (Hayes, Wilson, Gifford, Follette & Strosahl, 1996), ya que la vida de la persona puede focalizarse casi con exclusividad en la lucha o evitación de eventos privados (no sentir ansiedad, no tener alucinaciones, etc.).

Muchas formas de psicopatología pueden pensarse como una forma de evitación experiencial, aunque no deberíamos pensar la EE necesariamente como un proceso psicopatológico. Tal como sucede con el mundo externo, los eventos del mundo interno también son parte de contextos verbales y pueden ser influidos verbalmente, adquiriendo funciones por vía verbal. Por ello, los eventos privados pueden transformarse en eventos aversivos, evocando conductas de evitación problemáticas.

Tal como discutimos en el capítulo anterior, desde muy pequeños somos entrenados para "enmarcar" eventos en relaciones arbitrarias, derivando nuevas relaciones sin necesidad de que las mismas sean entrenadas. Así, una persona no necesita haber subido a un avión para tener fobia a los mismos. El sólo hecho de coordinar esta palabra en una red de relaciones en las que predominen funciones aversivas, puede ser suficiente para que la persona evite activamente subirse a uno. Gracias a la asombrosa capacidad del lenguaje, podemos transferir simbólicamente funciones entre estímulos relacionados.

Esta capacidad de relacionar arbitrariamente se hace tan automática que la mayoría de los seres humanos no es capaz de discriminar este proceso, es decir, no es capaz de discriminar que el hecho de que el avión sea experimentado como peligroso es resultado de nuestra capacidad de responder relacionalmente. Dicho de otra manera, interactuamos con los productos del lenguaje sin ver el proceso.

En estos contextos, interactuamos en forma literal con las funciones verbales de los eventos, y esto aplica tanto para  los eventos privados como para los eventos de los cinco sentidos. Así, una persona puede escapar de los aviones sin haber tenido ninguna experiencia traumática o peligrosa con uno y, de acuerdo al mismo proceso, escapar de emociones "peligrosas" que han adquirido estas funciones por vía relacional.

Nuestros consultantes se "atascan" en el contenido literal de sus experiencias porque los contextos verbales que favorecen esa literalidad son comunes. En estos contextos predominan las relaciones de *coordinación* (o *equivalencia*) de nuestro Yo con el contenido de nuestras experiencias y autorreglas. Asimismo, muchos comportamientos impulsivos podrían entenderse desde este mismo contexto. El resultado final es que las estrategias literales y evaluativas dominan la regulación del comportamiento humano, incluso cuando estrategias menos literales serían más efectivas, dando lugar a *loops* o círculos viciosos (Pankey & Hayes, 2003).

Cuando la conducta del individuo es controlada por el seguimiento de autorreglas que sustentan la EE u otros comportamientos problemáticos, el repertorio se restringe y el seguimiento es problemático. Dicho en forma simple, si la persona tiene dificultades para interactuar con su propio comportamiento y enmarcarlo en jerarquía en un Yo deíctico, se le dificultará identificar lo que está ocurriendo en esa situación y lo que está influyendo en su comportamiento. En estos casos, puede verse la importancia de poder identificar estos círculos viciosos y las consecuencias que de ellos se derivan. Por eso, en este paso trabajamos con el consultante para notar las relaciones entre algunas de estas clases funcionales específicas de comportamiento y las consecuencias problemáticas asociadas a ellas (ver Reyes & Kanter, 2017).

La idea es observar y describir en detalle los eventos que influyen en su comportamiento, realizando una "pintura verbal" del contexto. La tarea del terapeuta en este paso involucra una curiosidad abierta y flexible, que le permita explorar las experiencias del consultante, así como las redes relacionales de las que estas experiencias participan. Mediante el análisis funcional de los comportamientos, el terapeuta podrá ayudar al consultante a rastrear los antecedentes y las consecuencias problemáticas de su conducta.

Cuando hablamos de consecuencias problemáticas no lo hacemos desde un criterio social externo o normativo acerca de la conducta, sino desde un criterio netamente pragmático que nos permite pensar en una conducta como problemática en un doble sentido: a) no funciona de la manera que el consultante espera (funcionando solo a corto plazo, por ejemplo) y, b) lo aleja de aquello que más le importa a largo plazo. Podríamos decir que esta estrategia es la base para evocar formas alternativas de interacción con los eventos privados y coincide con lo que en ACT se ha denominado *Desesperanza Creativa*.

## 5.2. Paso 2: Desarrollo del Yo como Continente.

Las relaciones de *coordinación* entre nuestro Yo con los eventos privados supone un control de los eventos privados sobre la conducta y una respuesta automática a autorreglas inefectivas. De la misma manera, sin esta perspectiva, la persona puede llegar a identificarse con sus creencias y auto-imágenes disminuyendo su sensibilidad contextual, llevándola muchas veces a persistir en cursos de acción inefectivos, solamente para mantener una coherencia entre su conducta y estas auto-imágenes.

Para McHugh et al. (2019), el *self* o, dicho en términos conductuales, el *selfing* flexible se desarrolla a partir de dos repertorios verbales específicos: el *tacto* preciso de experiencias internas y un repertorio relacional que permite adoptar una postura observacional en torno a las propias experiencias. Sin embargo, y coincidiendo con Luciano (2017), consideramos que la posibilidad de enmarcar los eventos privados e integrar estos aspectos en jerarquía en torno al Yo *deíctico* es también un repertorio fundamental para el desarrollo de un *selfing* flexible.

Desde nuestro punto de vista, el desarrollo de una perspectiva flexible con relación al propio comportamiento en psicoterapia podría desarrollarse atendiendo a cuatro tareas fundamentales. En la primera tarea, el objetivo es que el consultante pueda observar su experiencia aconteciendo en el aquí y ahora, nombrarla y describirla, rastreando al mismo tiempo los eventos antecedentes y consecuentes que influyen en la misma. La segunda tarea, consiste en evocar un contexto verbal donde el consultante pueda vincularse a su experiencia *con* perspectiva, donde la experiencia acontece *allá-entonces* y el consultante puede relacionarse con ella desde la posición de un observador que se ubica *aquí-ahora*. En la tercera tarea, el objetivo es que el paciente pueda notar *la* perspectiva, es decir, pueda observar la propia perspectiva de observador. Finalmente, en la cuarta tarea, el propósito es generar la perspectiva del *Yo continente*, donde trabajamos para que el consultante pueda relacionarse con su experiencia desde la perspectiva del Yo conteniendo e integrando la misma.

Resumiendo, vamos a considerar que existen cuatro tareas terapéuticas fundamentales en el desarrollo del *self* flexible y, de hecho, podemos pensar intervenciones específicas dirigidas a cada uno de ellas: a) observar y rastrear la experiencia, b) notar la experiencia *como* observador, c) notar la experiencia *del* observador y, d) desarrollo del Yo como *continente*.

**Figura 16**: Representación de las tareas terapéuticas para el desarrollo del *self*.

### 5.2.1. Primera tarea: observar y rastrear la experiencia

Un aspecto fundamental en el desarrollo del Yo es el entrenamiento en *tactos* ajustados con eventos privados. Es decir, nombrar y describir los comportamientos privados (sentimientos, recuerdos, pensamientos, etc.) mientras ocurren como un "fluir de experiencias".

Como ya lo expuso Skinner (1974), solo cuando nuestro mundo interno es importante para otros empieza a serlo para nosotros mismos, lo que quiere decir que la posibilidad de autoconocimiento depende directamente de la socialización de las experiencias privadas. Desde muy pequeños, los niños son entrenados por la comunidad verbal en la conducta de describir eventos privados. Sin embargo, si bien es relativamente fácil aprender a tactar un objeto que puede percibirse en forma pública por medio de los sentidos, es mucho más difícil aprender a tactar aspectos de nuestra experiencia privada. Desde este punto de vista, la habilidad de tactar y discriminar verbalmente eventos privados es un componente fundamental para el desarrollo de un Yo flexible (Kohlenberg & Tsai, 1991). Por esto, en nuestra primera tarea el trabajo estará focalizado en que el consultante pueda observar, nombrar y describir su experiencia aconteciendo en el momento presente.

En esta tarea también será fundamental nuestro trabajo para que el consultante pueda identificar las fuentes de control de su conducta. Coincidiendo con Barnes-Holmes et al. (2018), muchas de las personas que atendemos en consulta presentan déficits en sus habilidades para relacionar el Yo con los eventos que influyen en el mismo, lo cual muchas veces se debe a un aspecto de la experiencia verbal que no hemos desarrollado en profundidad hasta aquí, el importante papel de las autodescripciones e historias sobre uno mismo en la experiencia humana.

Las autodescripciones o historias son parte de nuestro repertorio verbal y, sin duda, tienen una utilidad social. Cuando nos definen o nos definimos a nosotros mismos de alguna manera particular, damos a nuestra conducta un carácter más predecible, lo que nos proporciona cierta seguridad al reducir la incertidumbre y dar coherencia De esta forma, construimos un repertorio de "Yo soy así", que nos guía en momentos de indecisión y que incluso nos sirve como razones para nuestra conducta. Sin embargo, cuando estas autodescripciones y evaluaciones sobre nosotros mismos controlan nuestra conducta pueden influir estrechando nuestro repertorio, en la medida que intentamos alinear automáticamente nuestra conducta en cursos de acción dictados por estas historias.

La identidad que hemos construimos cuando conceptualizamos nuestro Yo está basada en autorreglas (Törneke, 2010). Si creo que soy una persona amable y compasiva, puedo guiar mi comportamiento basándome en reglas del tipo: "si digo que sí a lo que me piden, voy a ser una persona amable y compasiva", o incluso, "si digo que no a este pedido, no voy a ser una persona amable". Estas autorreglas controlan la conducta de una manera que permite la experiencia de mismidad e identidad. Sin embargo,  muchas veces este control verbal nos obliga a alejarnos de nuestros objetivos de vida o a encontrarnos repetidamente en cursos de acción inefectivos.

Por ejemplo, un consultante puede atribuir su elevada ansiedad a algún neurotransmisor o a un defecto personal. Incluso puede expresarle a su terapeuta: *soy una persona ansiosa y creo que nunca más saldré de esta situación*". Esta declaración muestra un seguimiento o rastreo verbal limitado, ya que no toma en cuenta los potenciales eventos que podrían influir en la respuesta de ansiedad. Asimismo, el hecho de que no pueda rastrear los eventos antecedentes y las consecuencias que influyen en el Yo puede incluso generar una sensación de falta de agencia con respecto a sus direcciones valoradas, junto con sentimientos de impotencia, indefensión y frustración. Por todo esto, la habilidad de rastrear verbalmente en forma precisa las fuentes de control del comportamiento (internas y externas) es fundamental para el entrenamiento de un Yo flexible.

### 5.2.2. Segunda tarea: notar la experiencia como observador

Nuestra segunda tarea terapéutica involucra ampliar el sentido del Yo a través de relaciones que permitan que emerja una perspectiva de observación de la propia experiencia, perspectiva que servirá para distanciarnos del contenido transformando sus funciones, permitiendo de esta manera alcanzar mayor claridad o sensibilidad desde un contexto de coherencia (Barnes-Holmes, 2018; Luciano, 2017). El acto de contemplar la propia conducta privada permite relacionarse con ella como un evento que puede discriminarse y, por lo tanto, funcionar o no como un antecedente para otro comportamiento. El proceso de observar el propio comportamiento desde esta perspectiva debilita el control de los antecedentes privados en la conducta, aumentando el control de las consecuencias valoradas.

### 5.2.3. Tercer tarea: notar la experiencia del observador

En términos didácticos, podríamos decir que el desarrollo del Yo como Continente involucra dos tipos de conciencia (Tsai et al., 2009). El primer tipo involucra una conciencia automática, pura, que en ocasiones no notamos. Este tipo de conciencia involucra simplemente observar, oír y otras formas de percibir el mundo interno y externo, así como tactar esta experiencia. El segundo tipo de conciencia involucra un repertorio verbal más desarrollado, mediante el cual podemos "observar que estamos observando", es decir, un tipo de conciencia en la que podemos observar la perspectiva o locus desde la que notamos la experiencia y que permite una interacción mucho más compleja con los otros y con el propio comportamiento. Si bien podemos observar nuestras historias y comportamientos privados ocurriendo aquí y ahora, desde una perspectiva estable, esa misma perspectiva no puede ser observada en sí misma. Es decir, no hay nada por detrás de ese Yo observador.

Este segundo tipo de conciencia involucra a un Yo observador, que se constituye como un locus que trasciende los constantes cambios de los eventos, externos y privados. De esta manera, el desarrollo de un Yo observador como una clase alternativa de respuesta permite que la persona note los diversos estímulos y sus funciones, las reacciones privadas hacia esos estímulos, las reglas que sigue al comportarse, las conductas y sus funciones desde un locus estable y seguro (Reyes & Kanter, 2017).

Por esto, en esta tarea utilizamos diferentes estrategias centradas en potenciar las discriminaciones "*Yo* versus *Tú*", "*Ahora* versus *Entonces*" y "*Aquí* versus *Allá*", que permiten fortalecer la toma de perspectiva básica para el desarrollo de un Yo flexible. Esta perspectiva flexible nos permite no quedar atrapados en reglas, autorreglas e historias inefectivas, posibilitando ampliar nuestro repertorio de respuestas, aun en presencia de estímulos aversivos.

### 5.2.4. Cuarta tarea: desarrollo del Yo como continente

La cuarta tarea terapéutica que realizamos, involucra generar un contexto verbal donde el consultante aprenderá a responder al propio comportamiento de acuerdo con claves de jerarquía del tipo "contiene", "es una parte de" o "pertenece a". En esta relación de jerarquía el Yo observador se transforma en un Yo continente de las redes de relaciones (historias, reglas, etc.) que influyen en el comportamiento, lo que nos permite regular nuestro comportamiento con relación a un propósito que trasciende las necesidades o emociones inmediatas (ver Figura 17).

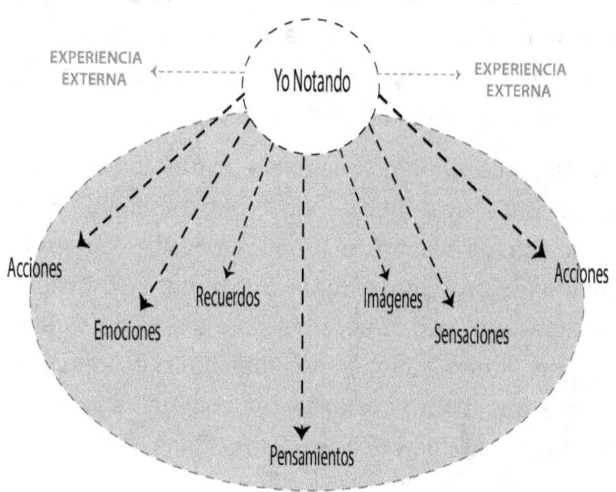



**Figura 17**: Representación visual del *Yo como Continente*. En la figura se busca representar la relación de jerarquía del Yo en relación con los eventos privados y comportamientos que contiene

Coincidiendo con Ruiz et al. (2016), esta perspectiva donde enmarcamos jerárquicamente nuestro mundo interno y nuestras acciones con relación a nuestro Yo, debilita las funciones discriminativas derivadas de los eventos privados. La capacidad de situar a nuestro Yo como continente de experiencias y comportamientos, permite una mayor influencia de otras variables del contexto, dándonos la posibilidad de ampliar el repertorio de respuestas potenciales en cada situación, atendiendo a las consecuencias directas y a aspectos valorados por la persona (funciones apetitivas derivadas).

En la medida que el individuo desarrolla una mayor fluidez en el enmarque jerárquico del propio comportamiento con relación al Yo, sus acciones pueden comenzar a enmarcarse respecto a objetivos y estos objetivos enmarcarse como reforzadores verbales abstractos o valores. Al coordinar el Yo con los valores, las funciones apetitivas derivadas transforman las funciones de los comportamientos que forman parte de la jerarquía, convirtiéndolos en reforzadores intrínsecos (Gil-Luciano et al., 2019).

## 5.3. Paso 3: Desarrollo de un repertorio alternativo mediante la especificación de *augmentals* de funciones apetitivas relacionadas con valores

Luego de habernos entrenado en notar con precisión la relación entre lo que hacemos y las consecuencias que experimentamos de ello, y de haber desarrollado una perspectiva del Yo como continente, estamos listos para el tercer paso. Aquí, trabajaremos con nuestros consultantes para que puedan hacer contacto con aquello que es más importante en su vida y clarificar pasos concretos en esa dirección (Törneke, 2017).

Como ya hemos dicho, desde ACT se considera que la salud psicológica está estrechamente vinculada con el mantenimiento de patrones de comportamientos orientados a lo que es importante en las diferentes áreas de la vida (Páez-Blarrina, Gutiérrez Martínez, Valdivia Salas & Luciano Soriano, 2006). En este sentido, el trabajo terapéutico está dirigido a sustituir el control conductual basado predominantemente en autorreglas inefectivas y funciones discriminativas problemáticas del mundo interno por el control conductual basado en la aproximación a aquello que es importante en la vida. Hacemos énfasis en la palabra "predominantemente" ya que las funciones psicológicas no son una cuestión de "todo o nada" y el comportamiento puede perfectamente formar parte de redes relacionales con funciones aversivas y apetitivas coexistentes. Cuando el comportamiento se ve guiado principalmente por funciones aversivas, el repertorio se estrecha y la sensibilidad a los eventos del contexto es menor.

Por esto mismo, cuando debilitamos las funciones discriminativas del mundo interno de la manera en la que lo hacemos en ACT se abre un espacio en el que las funciones apetitivas vinculadas a lo que es más importante para nosotros pueden comenzar a controlar nuestro comportamiento. En este punto, la clarificación e identificación de valores se transforma en el corazón de ACT ya que permite que el comportamiento, "liberado" de las funciones discriminativas aversivas del mundo interno, esté predominantemente guiado por funciones apetitivas, lo que impacta aumentando la variabilidad del repertorio de respuestas.

El concepto de valores ocupa un lugar sin duda importante en el abordaje propuesto por ACT. Sin embargo, este concepto se diferencia en alguna medida del uso corriente que se puede hacer de este término en la vida cotidiana o en otros abordajes terapéuticos. Desde la perspectiva que presentamos en este libro, la definición de *valores* debe ser consistente con los presupuestos filosóficos del CF, por lo que deben explicarse como fenómenos de comportamiento y, por lo tanto, contextualizarse en un análisis funcional de la conducta (Da Silva Ferreira, et al., 2019). Desde esta perspectiva, vamos a considerar los *valores* como *cualidades de acción* estables y amplias, que al ser enmarcadas en autorreglas, establecen funciones apetitivas para la conducta del individuo (Da Silva Ferreira, et al., 2019).

Tal como señala Törneke et al. (2016), las conductas problema (identificadas en el paso 1) son, por definición, patrones conductuales bien establecidos y con una larga historia de aprendizaje. Por esto mismo, modificar estos patrones no es una tarea fácil y requiere de la motivación del consultante. En términos conductuales, cuando hablamos de motivación estamos técnicamente hablando de *Operaciones Motivacionales* [OM] (Michael,

1982). Las OM se refieren a cualquier cambio en el ambiente que modifica momentáneamente las funciones de los eventos consecuentes y antecedentes, influyendo en la probabilidad de las respuestas y en su topografía (Froján Parga et al., 2010). Coincidiendo con esta autora, a nivel de los antecedentes una OM puede alterar la capacidad elicitadora de un estímulo incondicionado o condicionado y la capacidad evocadora de un estímulo discriminativo. A nivel de los consecuentes, la OM puede alterar la efectividad del estímulo como reforzador o como castigo.

Así, el concepto de OM es un término genérico utilizado para describir aquellos eventos que incrementan (*Operaciones de Establecimiento*) o que disminuyen (*Operaciones de Abolición*) la efectividad de los antecedentes y los consecuentes en la respuesta de un organismo, alterando también los parámetros (frecuencia, latencia, intensidad y duración) de la respuesta. Por esto mismo, una OM puede considerarse una variable que afecta a todos los eventos de las secuencias de contingencias de tres términos. Un buen ejemplo es la privación de comida en un organismo, que hace al mismo más sensible a los estímulos discriminativos vinculados a la conducta de ingesta (olor de la comida, por ejemplo) e incrementa las funciones apetitivas de la comida como reforzador. De acuerdo a la RFT, los valores pueden considerarse como una OM verbal (Törneke et al., 2016; Froján Parga et al., 2010).

Como recordarás, en la RFT denominamos augmentals a las reglas que influyen en la efectividad de los eventos para funcionar como consecuentes. Por esto, cuando los valores son enmarcados en reglas también pueden conceptualizarse como augmentals, que transforman las funciones de los eventos al influir en el grado en el cual las consecuencias que controlan nuestras conductas funcionan como reforzadores o castigos. Los valores pueden pensarse entonces como redes de relaciones jerárquicas, en cuya cúspide se ubican cualidades de acción u objetivos amplios verbalmente construidos. Así, por ejemplo, que Juan salga o no de su casa va a depender de que las consecuencias de salir especificadas por la regla sean importantes para él en términos de acercarlo a lo que más le importa (objetivos amplios o cualidades de acción). Si lo son, aumentará el valor apetitivo de las consecuencias (funciones augmentals apetitivas), lo que hará más probable que Juan lleve a cabo cualquier conducta que forme parte del camino hacia esa consecuencia.

Como se señaló, al coordinar el Yo deíctico con estas jerarquías, las funciones apetitivas derivadas transforman las funciones de los comportamientos que forman parte de la jerarquía, convirtiéndolos en reforzadores intrínsecos (Gil-Luciano et al., 2019), permitiendo de esta manera que la persona mantenga un curso de acción aun en presencia de obstáculos o sufrimiento a corto plazo. Cuando hablamos de reforzadores intrínsecos nos referimos a que la conducta en sí misma se transforma en un reforzador y su puesta en práctica no depende de consecuencias externas a la acción. El reforzamiento intrínseco a nuestras acciones brinda libertad, ya que dota a las personas de un mayor sentido de eficacia personal y de empoderamiento. Por eso, en este paso el terapeuta trabaja junto al cliente para el desarrollo de jerarquías, donde la parte superior será una cualidad de acción (Figura 18).

Una vez elaboradas estas jerarquías, mediante ejercicios experienciales o mediante la conversación terapéutica, el terapeuta evocará la transformación de funciones de las acciones que forman parte de ellas, utilizando nuevamente una lectura funcional que permite al consultante notar las consecuencias potenciales de aproximarse a aquello que es más importante o valioso. Finalmente, terapeuta y consultante elaboran juntos un plan de acciones comprometidas. Tal como afirman Sandoz, Wilson y Dufrene (2010), la acción comprometida implica la disposición a notar cuándo las acciones no están en línea con aquello que es importante y a retornar a estas acciones valoradas.

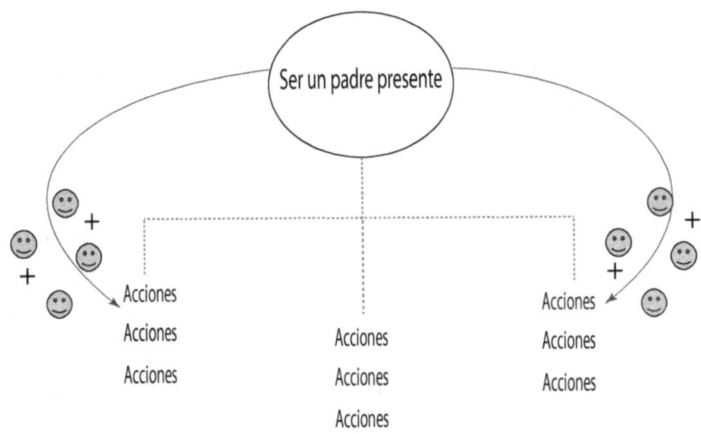


**Figura 18**: Representación visual de los valores como jerarquías. En la figura se intenta representar la relación de jerarquía de las cualidades de acción o reforzadores verbales abstractos en relación con las metas y conductas específicas. Esta relación transforma las funciones de las conductas que son partes de la red.

Como verás a lo largo de este libro, los tres pasos aquí desarrollados estarán presentes cuando utilicemos la Matrix. Lo que nos interesa es que puedas comprender que los cambios clínicos que acontecen cuando utilizamos la Matrix, aparecen porque el "motor" mental de RFT y RRAA también funciona todo el tiempo. Así, si te interesa poder llevar a cabo diariamente comportamientos que te acerquen a una vida más valiosa, considera que el solo hecho de tener en mente aquello que es más importante para ti, puede aumentar las posibilidades de que derives comportamientos que te muevan en esa dirección. En este sentido, la Matrix puede servir como un mapa de ruta para una vida bajo el control apetitivo de los valores.

## 5.4. Entonces, ¿qué es la Aceptación?

Siguiendo a Hayes et al. (1996), la aceptación se define como la disposición a hacer contacto en forma activa con las experiencias psicológicas, sin defensas innecesarias, mientras nos comportamos de manera efectiva orientada a valores. Desde nuestro punto de vista, el individuo solo estará dispuesto a ello si es capaz de observar las consecuencias problemáticas de la persistencia inefectiva. El primer paso, entonces, es que el individuo pueda hacer contacto con las consecuencias problemáticas y el costo de su comportamiento, lo que puede aumentar su disposición a hacer contacto con las funciones aversivas de los eventos privados derivadas de autorreglas.

Por ejemplo, pensemos en Juan, cuyo comportamiento es controlado por la siguiente regla: "Si salgo de mi casa, voy a tener un ataque de pánico". En este caso, en la autorregla se establece una relación condicional entre salir y una consecuencia aversiva (tener un ataque de pánico), que transforma las funciones de la conducta de salir. Nuestro trabajo comenzaría con un análisis funcional, que permita a Juan notar el costo de este comportamiento. Si esta estrategia es efectiva, las probabilidades de que Juan haga contacto con las experiencias temidas aumenta.

A partir de aquí, trabajamos para generar un contexto que aumente las probabilidades de una acción que ponga en contacto a Juan con el evento aversivo, lo que correspondería a un seguimiento tracking, según lo desarrollado anteriormente. Si conoces algo de terapia de conducta, probablemente pienses que en este ejemplo estamos hablando de exposición y de hecho así es, ya que ACT es una terapia con base en la exposición. Sin embargo, es importante aclarar que el proceso involucrado es algo diferente, ya que no apuntamos a la extinción o habituación emocional, sino a un tipo diferente de  transformación verbal de las funciones de los eventos privados. En este caso, nuestro objetivo es transformar las funciones discriminativas de evitación de los eventos privados, dando lugar al control contextual basado en otras funciones, que favorecen un aumento en la variabilidad conductual.

Esta transformación de funciones puede explicarse en base a tres factores que fundamentan las estrategias que utilizamos en ACT. El primer factor se vincula directamente con el Yo flexible. Un Yo flexible, como ya señalamos involucra la toma de perspectiva y el enmarque jerárquico de experiencias verbales complejas, tales como evaluaciones y reglas, e historias y narrativas del Yo (Stewart, Villate & McHugh, 2012). El segundo factor tiene que ver con el control de la conducta a partir de reglas augmentals ligadas a valores.

El tercer factor tiene que ver con el efecto reforzante de la coherencia. En términos técnicos, la coherencia se refiere a la medida en la que una respuesta relacional concuerda o es consistente con nuestra historia de contingencias (Luciano, 2017). En términos más cotidianos, la coherencia se vincula con el "dar sentido" y una conducta coherente "tiene sentido" y, por ello, es más predecible. Desde la RFT, se propone que la incoherencia verbal es aversiva para la mayoría de las personas, ya que el contexto social refuerza sistemáticamente la construcción de redes relacionales o conducta verbal coherente. Sin duda alguna, el dar sentido es un comportamiento adaptativo y por eso mismo las personas intentan dar sentido por medio de historias que permiten organizar los eventos y, de esa manera, ensayar soluciones para los problemas que les toca enfrentar (Wray, Dougher, Hamilton & Guinther, 2012).

Imagina que el terapeuta de Juan le dice: "Juan, ¿por qué no pones a prueba tu expectativa y sales? Probablemente no pase nada". En este caso, puede ser evocada una clave de *distinción* entre la regla inicial de Juan ("Si salgo de mi casa voy a tener un ataque de pánico.") y la regla propuesta por el terapeuta. Quizá parezca extraño, pero esta distinción puede generar incoherencia si las consecuencias establecidas por la nueva regla del terapeuta no se condicen con las consecuencias experimentadas y Juan efectivamente tiene un ataque de pánico. Si esto sucede, asumiendo que la incoherencia verbal es en sí misma aversiva, Juan tiene mayores probabilidades de desistir ("Mi terapeuta está equivocado, no hay nada que pueda hacer para controlar mis ataques de pánico. Mejor vuelvo a casa."). En el ejemplo, es más probable que Juan salga de casa si la regla es consistente con la experiencia (mayor coherencia) que si no lo es, abriendo la posibilidad a que pueda realizar otras acciones, relacionadas con otras partes de la red ("Salí, tuve un ataque de pánico y pude seguir comprando regalos."). Este efecto ha sido estudiado a nivel experimental y permite explicar en términos conductuales la mayor eficacia de las estrategias de aceptación por sobre las de control o distracción, en paradigmas de tolerancia a la estimulación aversiva (Barnes-Holmes et al, 2004).

### Ejemplo Clínico

Consideremos nuevamente el ejemplo de Juan. Como recordarás, sufre intensos ataques de pánico cuando sale de su casa sin compañía, siente temor ante ciertas sensaciones físicas (sensación de falta de aire, por ejemplo) y un intenso miedo a morir cuando estas sensaciones se hacen presentes. Desde esta perspectiva, podríamos pensar que Juan tiene problemas para observar sus experiencias internas desde la perspectiva de observador y coordina las mismas con su Yo como si fueran equivalentes, es decir, definiéndose sobre la base de estas experiencias. Esto, a su vez, se relaciona con su comportamiento observable, ya que al no enmarcar estos eventos privados en jerarquía en torno a su Yo deíctico, Juan actúa siguiendo autorreglas inefectivas de evitación de sus propias experiencias.

¿Qué podemos hacer? En primer lugar, trabajamos para que Juan pueda identificar la clase funcional problemática. Mediante el análisis funcional de sus comportamientos, rastreamos los antecedentes y las consecuencias de sus diferentes conductas, con el propósito de identificar una clase funcional. De esta forma, identificamos la función común que comparten diferentes conductas y las consecuencias problemáticas asociadas a ellas.

En segundo lugar, podemos ampliar su sentido del Yo, a través de relaciones de perspectiva, para que pueda verse como un observador de su experiencia. Esto sirve para distanciarse del contenido y observar su comportamiento y el de los demás con mayor claridad (Barnes-Holmes, 2018). Asimismo, desde este lugar, Juan puede ser más sensible a los múltiples eventos que están influyendo en su comportamiento, así como a las funciones apetitivas de las reglas augmental ligadas a valores, las cuales van a evocar acciones consistentes con cursos de acción vinculadas con ellas. Desde este lugar, Juan puede incrementar su disposición a avanzar por este camino, aun frente a obstáculos internos aversivos, lo que constituye el corazón de la aceptación.

# Capítulo 6
# La Matrix como Metáfora de los principios de la conducta

La manera en la que organizamos verbalmente el mundo influye en cómo interactuamos con él y con nuestro propio comportamiento. (Villate, Villate & Hayes, 2016). Esta idea es la base de nuestro trabajo como psicoterapeutas y la RFT nos permite explicar y comprender cómo la conversación entre un profesional y un consultante puede ser terapéutica en algunos contextos y no serlo en otros. Una conversación será terapéutica en la medida que permita incrementar la flexibilidad psicológica.

Desde ACT la esencia de la flexibilidad psicológica es que el consultante haga "contacto" con su propia experiencia para que se produzca un cambio terapéutico. Este contacto implica una mirada sensible a los factores del contexto que influyen en el comportamiento (sensibilidad contextual) y a las funciones del comportamiento desde una perspectiva de observador. Obviamente esto implica un cambio en el rol del terapeuta, ya que no se trata de conducir al consultante en "la mejor" dirección desde el punto de vista de un experto, sino de ayudarlo a que pueda notar el contexto de su comportamiento y lo que funciona o no con relación al mismo, tomando como criterio de utilidad aquello que es más valioso para él.

Con esto no queremos decir que el hecho de proveer direcciones o reglas más o menos explícitas sea algo errado ya que en muchas circunstancias esto puede ser útil, especialmente cuando un problema se sostiene por falta de conocimiento sobre la situación (Villatte, Villatte & Hayes, 2017). No obstante, en muchas otras situaciones más complejas o que involucran aspectos sutiles necesitamos evocar un contexto en el que el consultante pueda notar su propia experiencia. En estas situaciones, las metáforas y ejercicios experienciales han sido, desde su nacimiento, una herramienta fundamental en ACT.

Dado que los contextos de literalidad pueden ser problemáticos, el lenguaje literal en sí mismo puede evocar contextos de inflexibilidad psicológica en sesión. Por esto, la utilización de un lenguaje metafórico se transforma en una estrategia privilegiada para nuestro trabajo pues podemos influir verbalmente en la conducta del consultante sin evocar las defensas verbales que normalmente pueden aparecer en los contextos de literalidad (Hayes et al., 1999). Por su relevancia en nuestro trabajo clínico, profundizaremos un poco en este aspecto.

## 6.1. Analogías y Metáforas desde la RFT

Desde la RFT, las analogías y las metáforas se definen como relaciones entre redes relacionales, por lo que surgen de nuestro repertorio de marcos relacionales. Lo fundamental en la analogía es que establecemos un marco de coordinación entre dos redes de relaciones, una red acerca de un área de nuestra experiencia (llamado vehículo o base) y una red (el objetivo) a la cual se transfiere el conocimiento que tenemos sobre la primera. El vehículo constituye un área de la experiencia sobre la que tenemos mayor información o conocimiento y, al relacionarla con el objetivo, esta información se transfiere al mismo. Dicho en forma más técnica, la coordinación permite la transformación de las funciones de la red objetivo (Törneke, 2010).

Por ejemplo, los que tenemos hijos adolescentes hemos sido testigos de la importancia que los mismos dan a su teléfono celular. Ahora imagina que alguien te dice: "es comprensible que te moleste que tu hija esté todo el día con el celular, pero piensa que para un adolecente un teléfono celular *es lo mismo* que una cámara de fotos para un fotógrafo". Como puedes observar en el ejemplo, esta analogía coordina dos redes relacionales de la forma que se representa en la Figura 19. Aunque en el ejemplo sólo se presentan dos relaciones en coordinación, cada elemento de la relación se relaciona, a su vez, de múltiples maneras con otros eventos no incluidos en el ejemplo (sin duda alguna un teléfono celular se relaciona con muchos otros estímulos para un adolecente).

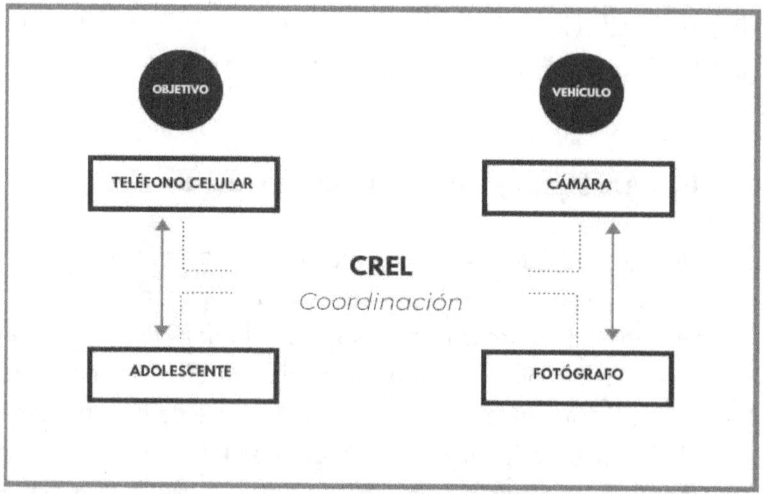


**Figura 19** Representación visual de una analogía como una red de relaciones. En la figura se representa la coordinación de dos redes de relaciones una que funciona como *vehículo* o base (derecha) y una como *objetivo* (izquierda)

Como se observa, las relaciones dentro de cada red pueden ser arbitrarias y no arbitrarias. Así, la relación entre un celular y su usuario adolecente puede ser de proximidad física, por ejemplo, como así también una relación arbitraria de *jerarquía*, donde un celular es "una parte" del adolescente, de la misma manera que una cámara es una parte del fotógrafo (queda claro que se trata de una relación arbitraria, ya que solo es una parte en sentido "figurado").

Coincidiendo con Törneke (2010), este interjuego de relaciones arbitrarias y no arbitrarias es lo que hace tan útil al lenguaje, ya que podemos transformar las funciones de relaciones no arbitrarias por medio de relaciones arbitrarias y las analogías y metáforas son útiles precisamente en este sentido. La relación establecida en la analogía permite la transformación de las funciones de la red objetivo; en este caso, la relación entre un teléfono celular y su dueño, ya que a partir de la analogía el oyente podría derivar que para un adolescente un celular es algo muy importante.

Finalmente, puede observarse también una característica propia de las analogías: la bidireccionalidad de las relaciones. Esto es, uno puede intercambiar las funciones de vehículo y objetivo, ya que ambas redes poseen la característica que se está poniendo en relación. Por esto, podríamos perfectamente decir: "una cámara de fotos es para un fotógrafo lo mismo que un teléfono celular para un adolecente".

Dado que pueden considerarse un tipo de analogía (Foody et al., 2014), las metáforas también consisten en relaciones entre relaciones o redes relacionales en coordinación. Para comprender mejor esto, vamos a tomar como ejemplo la metáfora del "Hombre en el pozo", una de las metáforas centrales de ACT. Esta metáfora generalmente se utiliza con el propósito de evocar desesperanza creativa, es decir, para ayudar al consultante a comprender de forma experiencial la poca utilidad de sus esfuerzos de control y evitación de eventos internos (paso 1).

En esta metáfora se les pide a los consultantes que imaginen que la vida es como caminar (o correr, dependiendo del consultante) por un prado, una caminata que realizamos con los ojos vendados y una mochila como único equipaje. Desafortunadamente, este prado está lleno de una variedad de pozos por lo cual, inevitablemente, tarde o temprano vamos a caer en uno de ellos. Algunos tienen su pozo de la depresión, otros, de la ansiedad, otros del alcohol. En definitiva, todos tenemos nuestros pozos y tarde o temprano nos sentiremos dentro de uno. Cuando nos damos cuenta de que caímos, lo primero que intentamos es utilizar la única herramienta que llevamos en la mochila, una pala. Así que cavamos, más rápido, más lento, con más o menos fuerza, pero cavamos con la esperanza de que podremos salir del pozo. Sin embargo, aunque no hay nada más comprensible que cavar cuando tenemos una pala y estamos en tierra, no es algo que funcione si el objetivo es salir de un pozo (Hayes, Masuda & De Mey, 2003).

Ahora, imaginemos que el terapeuta presenta esta metáfora a un cliente con depresión. Podría continuarla de esta manera:

*T: "Entonces, me pregunto si tirarte a la cama a dormir para no sentir tristeza no será otra manera de cavar".*

Siguiendo el esquema que utilizamos para graficar las analogías, la metáfora podría representarse de la siguiente forma:

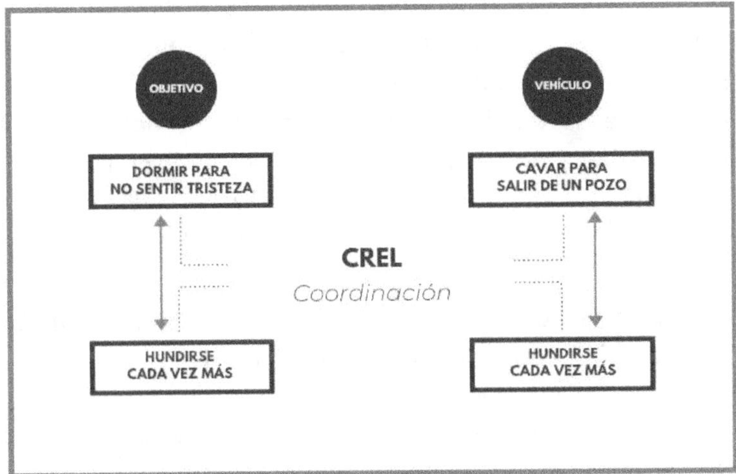


**Figura 20**: Representación visual de una metáfora como una red de relaciones. En la figura se representa la coordinación de dos redes de relaciones una que funciona como *vehículo* o base (derecha) y una como *objetivo* (izquierda)

Como puede observarse, al igual que en las analogías, establecemos un marco de coordinación entre dos redes de relaciones, una red vehículo y una red objetivo. En este caso la base es la relación causal (*si-entonces*) "cavar para salir de un pozo" y la red objetivo está constituía por la relación causal (*si-entonces*) "dormir para no sentir tristeza". De esta manera, las funciones "físicas" de cavar para salir de un pozo son transferidas por vía relacional a la red de relaciones arbitrarias que vinculan el dormir con escapar de la tristeza. La diferencia fundamental con las relaciones analógicas radica en que en las metáforas no existe una relación de simetría entre las redes, es decir, la red que opera como vehículo posee en mayor medida la cualidad o función que enmarca la relación (la inutilidad de intentar escapar). En este sentido, coincidiendo con Tornekë (2010), podemos decir que la función de estímulo de las redes enmarca jerárquicamente, tanto al vehículo como al objetivo.

Por lo dicho, puede pensarse a una metáfora como una analogía donde las funciones (las cualidades de interés) están más presentes en el vehículo que en el objetivo y en esto radica la utilidad de las metáforas, ya que permiten al cliente "notar" aspectos (Cfunc) que hasta ese momento sólo eran sutiles, haciéndolos más evidentes al enmarcar el objetivo en el vehículo.

## 6.2. La Matrix como metáfora de los principios de la Ciencia Comportamental Contextual

De acuerdo a lo dicho, la Matrix podría considerarse una metáfora visual libre de contenido que opera como vehículo al representar patrones de comportamiento (movimientos de aproximación y evitación) con respecto a diferentes contextos (público y privado), permitiendo la transformación de funciones de la red objetivo, en este caso los patrones de comportamiento de la persona.

El diagrama de la Matrix se compone de dos líneas en intersección. La línea vertical representa la experiencia de una persona y grafica la diferencia entre dos contextos de esa experiencia: el contexto de la experiencia externa (experiencias que otros pueden ver) y el contexto de la experiencia interna (solo disponible para la persona que la experimenta). Tal discriminación es clínicamente útil ya que permite incrementar la sensibilidad contextual y promover un comportamiento más flexible. Esta discriminación se vincula con los procesos de conciencia plena, por lo que podríamos denominar a este eje como el eje del mindfulness, de forma tal que, mediante el entrenamiento, el cliente fortalece su capacidad de permanecer en el momento presente en posición de observador, notando las diferencias entre los procesos internos y los eventos externos (Schoendorff, Webster & Polk, 2014).

La línea horizontal grafica las funciones que controlan nuestro comportamiento. Así, permite identificar aquellas acciones que realizamos principalmente para alejarnos de experiencias internas indeseadas o cuando estas experiencias controlan nuestro comportamiento de forma inefectiva, y aquellas que realizamos principalmente para aproximarnos a lo que es más importante para nosotros. En términos teóricos, esta discriminación se vincula con la posibilidad de entrenar en la discriminación de contextos donde predominan funciones apetitivas, de aquellos contextos donde la conducta está fundamentalmente controlada por funciones aversivas o por contextos de literalidad. Por esto mismo, podríamos denominar a este eje, el eje del *behaviorismo*. Todo esto se representa en la Figura 21.

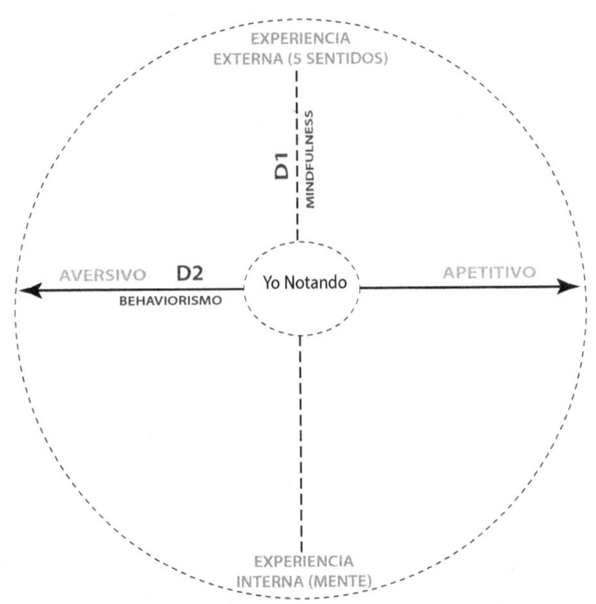


**Figura 21**: Discriminaciones y procesos fundamentales en la Matrix

## 6.3. La Matrix como metáfora clínica

Dada su función metafórica, el diagrama de la Matrix ayuda

a las personas a notar aspectos de su experiencia e historia en mayor detalle, lo que les permite evaluar los comportamientos en términos de utilidad. Al mismo tiempo, fomenta habilidades de toma de perspectiva que permite la transformación de funciones del comportamiento del consultante, permitiéndole expandir su punto de vista hacia aspectos relevantes del contexto y ser consciente de las funciones de su comportamiento, evocando un contexto verbal en el que puede verse a sí mismo como un contenedor de su comportamiento.

Al utilizar la Matrix, interactuamos con el diagrama para notar visualmente nuestros comportamientos públicos y privados, así como las funciones que controlan los mismos. De esta manera, la utilización de la Matrix nos ayuda a que el comportamiento sea más sensible al control apetitivo. También puede ayudarnos a hacer tacto con la experiencia interna de una forma menos amenazante, más validante y menos aversiva.

### 6.3.1. Sobre la conducta de Notar:

Antes de avanzar, necesitamos hacer algunas aclaraciones acerca de la conducta de notar, ya que utilizamos este término en diferentes partes del libro. Con este propósito, haremos un pequeño rodeo, por lo que te pedimos que hagas un poco de espacio a la ansiedad. Te prometemos que todo esto tiene un sentido.

Imaginemos que estamos ordenando medias o calcetines. Podríamos poner las blancas en un cajón y las oscuras en otro. Ahora, podrías imaginar que tienes cuatro cajones, uno para las medias blancas, otro para las negras, otro para las grises y otro para las azules. Imagina ahora que te damos un par de medias blancas, ¿dónde las pondrías?

Toda vez que clasificamos o categorizamos eventos estamos enmarcando en jerarquía. La tarea principal cuando clasificamos o categorizamos implica utilizar repertorios relacionales previamente establecidos, pero bajo un control contextual diferente, que organiza estos repertorios relacionales de una manera específica (Luciano et al., 2009). Por ejemplo, "perro" y "gato" pueden relacionarse como opuestos (relación de oposición), pero cuando "animales" es la clave contextual, ambos estímulos se agrupan en una misma clase, de modo que cada miembro de la clase se relaciona en coordinación con el otro y se enmarca en distinción con los miembros de otras clases. Así, por ejemplo, un gato de peluche quedaría fuera de la clase, aun cuando en algunos contextos podría tomarse como equivalente (coordinación) al animal.

Ahora recordemos lo dicho acerca de las experiencias de los cinco sentidos. Podemos tener información acerca del color de las medias o de las características de los gatos y perros gracias a los cinco sentidos. Lo interesante de tener lenguaje es que también puedes clasificar tu experiencia interna e incluso puedes hacerlo en las categorías de la Matrix (Figura 22).

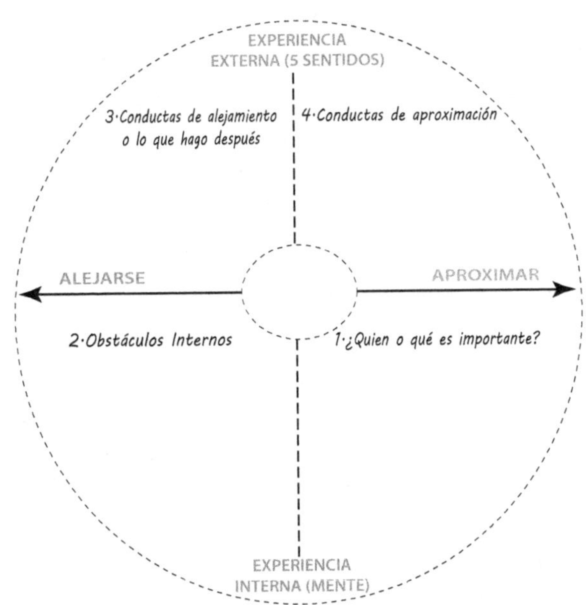


**Figura 22**: La Matrix y los cuatro cuadrantes

Como dijimos al comienzo de este libro, al utilizar la Matrix invitamos al cliente a organizar sus experiencias, comportamientos e historias en los cuatro cuadrantes formados por las dos líneas en intersección: 1) quién o qué es importante, 2) los obstáculos internos que aparecen en el camino, 3) lo que hacemos para alejarnos de esas experiencias internas (o lo que hacemos cuando ellas nos controlan), y 4) lo que hacemos para movernos hacia quién o qué es importante. Puedes clasificar fácilmente tu experiencia en estas categorías y verás cómo esta clasificación se vuelve interesante y divertida.

Parte de tus experiencias pueden clasificarse como Experiencia Externa, parte como Experiencia Interna; parte de tus experiencias e historias tienen que ver con Quién o qué es importante para ti y con tus Obstáculos Internos; gran parte de tus experiencias e historias serán acerca de tus Conductas de alejamiento y otras sobre tus Conductas de Compromiso o aquello que haces para aproximarte a lo que más te importa. Así, la principal tarea que realizamos con la Matrix es precisamente clasificar nuestras experiencias y comportamientos, para lo que debemos previamente notar sus diferencias. De esta manera, la conducta de notar involucra evocar un contexto en el que se enmarcan las experiencias internas jerárquicamente en el Yo deíctico. Esto implica mirar jerárquicamente al mundo interior, como el contenido de este Yo que funciona como un contenedor.

Entonces, desde un punto de vista RFT, notar involucraría una respuesta relacional jerárquica en la que ciertos patrones conductuales (movimientos de aproximación) se agrupan como elementos de clases funcionalmente similares y, a la vez, diferentes de otros patrones (movimientos de alejamiento). Al notar estas diferencias, el consultante puede darse cuenta que es mucho más que sus comportamientos y que está, por así decirlo, en el centro del diagrama. Así, los consultantes comienzan a practicar el comportamiento de observar desde la perspectiva de un Yo que no está limitado por sus experiencias y comportamientos.

Coincidiendo con Foody et al. (2014), al trabajar en ACT intentamos minimizar el apego a los contenidos y experiencias privadas, de modo que uno de nuestros principales objetivos es transformar las relaciones de coordinación entre el Yo y el contenido (ambos *Aquí* y *Ahora*) en relaciones de jerarquía, donde el Yo está *Aquí–Ahora*, pero el contenido está *Ahí-Entonces*. Utilizando la Matrix, las personas clasifican jerárquicamente los eventos psicológicos en ella, aumentando sus habilidades de toma de perspectiva desde un punto de vista deíctico (*Yo-Aquí-Ahora*, clasificando mis experiencias *Ahí-Entonces*). De esta manera, se promueve la *desliteralización* del contenido psicológico al invitar al consultante a "tomar distancia" psicológica de contextos lingüísticos que evocan una transformación de funciones problemática.

Por supuesto no podemos tomar distancia realmente (de hecho ahí tienes otra metáfora) pero la experiencia de tomar distancia es fundamental a los efectos del EFP. De alguna manera, psicológicamente hablando, tomar distancia y flexibilidad psicológica son parte de la misma acción. Cada vez que te detienes y notas diferencias con la Matrix, tomas distancia de tu experiencia habitual y este proceso implica la capacidad de tomar perspectiva con relación a tu comportamiento. Cuanta más perspectiva podamos tomar, más detalles de la imagen podremos percibir y más fácil será notar diferencias. Dicho de otra manera, cuanto más toma de perspectiva en relación con tus experiencias, mayor sensibilidad contextual. De la misma manera, al facilitar el proceso de notar las características del contexto que influyen en nuestros comportamientos, la Matrix facilita un punto de vista funcional desde el que se puede evaluar la utilidad de los comportamientos.

### 6.3.2. La conversación terapéutica y la Matrix

Resumiendo lo dicho hasta el momento, la Matrix es una metáfora visual que facilita la transformación de funciones de los eventos psicológicos, evocando un contexto verbal que favorece la FP. Utilizar la Matrix involucra dos tareas clínicas fundamentales: pedir al consultante que clasifique sus experiencias y comportamientos en los cuadrantes propuestos por el modelo y utilizar la conversación terapéutica para proporcionar claves contextuales que puedan evocar una transformación de funciones útil. El conocimiento de la RFT, desde nuestro punto de vista, puede aumentar la precisión y el impacto de nuestras intervenciones en ambas tareas clínicas.

Cuando utilizamos diferentes preguntas y comentarios para guiar al usuario del diagrama, intentamos expandir explícitamente las redes relacionales a través de la conversación clínica, transformando las funciones de los contextos verbales que lo atascan. Como ejemplo, tomemos algunas de las preguntas básicas que usamos en la rutina de Matrix y algunos de los enmarques que pretendemos evocar, teniendo en cuenta que lo que intentamos evocar no siempre coincide con lo que el consultante deriva y que, en definitiva, la brújula que guía nuestras intervenciones es la transformación de funciones.

Recuerda también que las funciones que un evento tiene para una persona son siempre personales y dependen de su historia de aprendizaje y de factores del contexto actual en el que se encuentra. Dado que las funciones no son algo intrínseco a un evento, sólo un adecuado análisis funcional puede ayudarnos a determinar las funciones específicas del evento para la persona (sin duda la Matrix también es útil para este propósito). Dicho esto y asumiendo que existen muchos factores comunes en nuestras historias de aprendizaje (si digo caballo blanco, es muy probable que te imagines un caballo blanco y no un dinosaurio rosa), podemos pensar en ciertas preguntas como claves verbales que tienen probabilidad de funcionar como claves útiles:

- ¿Quién o qué es importante para ti?: esta pregunta puede funcionar como clave de coordinación con valores.
- ¿Cuáles son los obstáculos internos que aparecen en el camino?: Esta pregunta puede utilizarse como clave de marcos de coordinación con emociones y otras experiencias internas (*tacto*), pero también otros tipos de enmarques, como el jerárquico y el condicional. En este último caso, estos obstáculos se enmarcan como algo que se encuentra en el camino hacia las cosas más importantes para nosotros o se enmarcan en una red condicional del tipo "si voy hacia mis valores, enfrentaré estos obstáculos".
- ¿Qué haces para alejarte de tus obstáculos internos o qué haces cuando actúas gobernado por ellos?: Con esta pregunta, utilizamos claves de coordinación, temporales y condicionales.
- ¿Cómo funciona este comportamiento a corto plazo? y ¿Cómo funciona este comportamiento a largo plazo?: Estas preguntas son la esencia de nuestro trabajo cuando evaluamos la utilidad de los comportamientos y también utilizamos claves temporales y condicionales para ello.
- ¿Qué puedes hacer para avanzar hacia quién o qué es importante?: Las claves temporales, condicionales y, sobre todo, jerárquicas son la base para transformar nuestras acciones de aproximación en refuerzos intrínsecos. Por lo tanto, con estas claves verbales podemos evocar un contexto en el que los consultantes pueden hacer contacto con diferentes fuentes de significado. En esta misma línea, podemos utilizar otras preguntas para derivar funciones apetitivas hacia movimientos de aproximación (¿Qué haría la persona que quieres ser?, por ejemplo).

- ¿Puedes ver si dentro de ese obstáculo interno hay algo importante? o Si tu sufrimiento estuviese directamente relacionado con cuán importante es eso para ti, ¿elegirías sentirlo abiertamente?: En respuesta a estas claves, el consultante podría derivar algunas funciones apetitivas del sufrimiento, a través de enmarques de coordinación y jerarquía, aumentando la aceptación y la autocompasión.
- ¿Quién puede notar todo eso?: Como ya señalamos, la Matrix nos invita a ser observadores de nuestros comportamientos, lo que se refleja en esta pregunta. Esta clave apunta a evocar encuadres deícticos y jerárquicos, ampliando el sentido del Yo del consultante, evocando una perspectiva desde la que puede elegir comportamientos en línea con sus valores.

## A modo de conclusión de la primera parte del libro

Como has podido ver, la Matrix es una metáfora visual que podría evocar diferentes enmarques y redes relacionales, lo que permite a nuestros consultantes expandir su punto de vista hacia aspectos relevantes del contexto y ser más conscientes de las funciones de su comportamiento, posibilitando que puedan verse a sí mismos como "contenedores" de sus experiencias y comportamientos.

El terapeuta puede generar un contexto favorecedor de nuevas relaciones derivadas y de transformación de funciones, proporcionando claves verbales específicas, brindando a la persona la posibilidad de generar mayor sensibilidad contextual y mayor control apetitivo del comportamiento. En este punto es importante recordar la distinción entre *Crel* y *Cfunc*, y sus implicancias para nuestro trabajo clínico, ya que esto puede ayudarnos a percibir algunas diferencias fundamentales entre el trabajo que realizamos en ACT y otros abordajes terapéuticos.

Imaginemos un consultante que expresa en medio de la sesión: "Soy un desastre y si intento hacer algo diferente, siempre me va a salir mal". Una intervención probable desde algunos abordajes cognitivos tradicionales podría ser el cuestionamiento socrático con el objetivo de relativizar la tendencia a la generalización excesiva en los "siempre" o la búsqueda de evidencia para las creencias condicionales, procurando encontrar ejemplos en los que intentar algo diferente no trajo consecuencias negativas para el consultante. Sin embargo, desde el punto de vista de la RFT, en ambos casos estamos operando a nivel de Crel, pues estamos intentando modificar la forma en la que la persona relaciona los eventos, una red relacional, lo que muchas veces resulta muy difícil a nivel terapéutico. Por ejemplo, se ha observado que consultantes que presentan altos niveles de preocupación suelen mostrarse resistentes a la Terapia Cognitivo Conductual tradicional, sin mostrar en general cambios clínicamente significativos y con altas tasas de recaída (Gould, Safren, Washington & Otto, 2004; Waters & Craske, 2005, en Ruiz et al. 2019).

Desde ACT, por el contrario, nuestro trabajo estará fundamentalmente dirigido al contexto funcional, es decir, a nivel de *Cfunc*, utilizando ejercicios, metáforas y la conversación terapéutica con el propósito de transformar las funciones de las redes relacionales que sostienen los problemas de nuestros consultantes. Así, el terapeuta puede pedir al consultante que observe ese pensamiento como si fuese un objeto (*fisicalización*) o que repita el pensamiento en voz alta observando qué sucede en el proceso. En todos los casos, el propósito será que la función (*Cfunc*) de estos eventos se modifique.

Quizás en este momento estés un poco sorprendido respecto a este modelo clínico. De hecho, es difícil comprender cómo la complejidad teórica de la RFT puede ser la base de un modelo tan simple como la Matrix. En este sentido, la Matrix es como una pieza de ingeniería comportamental basada en una compleja teoría del lenguaje. En nuestros entrenamientos, solemos decir que la Matrix sería como el *chip* de un teléfono celular ya que es fácil de usar, es útil, pero para poder entender su funcionamiento necesitamos el conocimiento de los principios de la ingeniería del comportamiento aplicada al lenguaje.

Queremos aclarar que, aun cuando el modelo clínico es simple, en términos de parsimonia, como toda herramienta de utilidad requiere de mucha práctica para un uso fluido y adecuado. Si aún tienes dificultades para comprender este punto de vista, es totalmente comprensible y es nuestra intención seguir avanzando por este proceso de aprendizaje, juntos.

# Segunda Parte
# Utilizando la Matrix

# Capítulo 7
# Utilizando la Matrix con nuestros consultantes (y otras personas importantes)

En este capítulo, revisaremos los pasos que aprendimos en el primer capítulo, solo que esta vez lo haremos con un ejemplo clínico, para que puedas apropiarte de los principios desde otro punto de vista. También aprovecharemos para establecer un lenguaje común para comunicarnos al utilizar el modelo. Como en casi cualquier entrenamiento, lo primero que necesitamos es establecer un código común acerca de cómo vamos a hablar de las cosas que vamos a hacer. Todos los deportes, profesiones y otras actividades humanas tienen términos propios o con un sentido específico y el EFP no es diferente. A continuación vamos a dedicarnos a ello.

## 7.1. Estableciendo un lenguaje en común

### 7.1.1. Experiencia externa (5 sentidos):

La *experiencia externa* implica cualquier experiencia que podemos captar mediante nuestros cinco sentidos. Dicho de otra manera, nuestra *experiencia externa* es cualquier experiencia que puedes ver, oír, tocar, saborear u oler.

## 7.1.2. Experiencia Interna (Mente):

Estas experiencias son parte de lo que habitualmente conocemos como "mente", es decir, cualquier experiencia que no es percibida por tus cinco sentidos (aunque a veces sean muy similares, como cuando "creemos" ver a alguien). Las experiencias mentales más comunes son pensar, sentir emociones o sentimientos, tener el impulso de hacer algo, recordar, prever, analizar, etc. Hay dos categorías importantes en la que vamos a enfatizar: *Personas o cosas Importantes* y *Obstáculos Internos*.

*Personas o cosas importantes para ti*: Las experiencias mentales hacia las que te mueves. Aunque suene un poco complejo, si bien hay cosas importantes en nuestros cinco sentidos (cuando observamos el rostro de una persona amada, por ejemplo), su utilidad para "motivarnos" a la acción es menor que aquellas *consecuencias simbólicas* que están siempre al alcance y que pueden guiar nuestras acciones aun cuando no las percibamos con nuestros cinco sentidos. Así, podemos elegir comprar un regalo para una persona amada, ya que esto nos acerca a ella, sin necesidad de estar mirando su rostro. Las cosas y personas importantes pueden encontrarse en diferentes áreas vitales, tales como familia, amigos, trabajo, educación, espiritualidad, ciudadanía o salud.

*Obstáculos Internos*: Incluye cualquier experiencia interna que aparece como un obstáculo en el camino hacia aquello que es importante. Pueden incluir experiencias no deseadas, tales como pensamientos, emociones o sensaciones físicas que te gustaría no tener porque no se sienten bien, así como experiencias que pueden sentirse bien y ser un obstáculo hacia las cosas importantes (por ejemplo, el fuerte impulso a estar con otra persona cuando estás en pareja y eso puede traerte problemas). Algunos ejemplos son: miedo, tristeza, enojo, frustración, depresión, aburrimiento, deseo de consumir, etc.

### 7.1.3. Conductas observables:

Las cosas que haces y que pueden ser observadas por otras personas. Algunos ejemplos incluyen caminar, sentarse, correr, acostarse, hablar, comer, tocar, escribir, leer. Hay dos categorías conductuales importantes que se diferencian por su función: *conductas de aproximación* y *conductas de alejamiento o lo que hago después.*

*Conductas de aproximación*: Son conductas que están al servicio de moverte hacia lo que es importante para ti. Moverte hacia lo que es importante no siempre se siente inmediatamente bien, pero a largo plazo puede, eventualmente, ayudar a que te sientas bien o al menos ayudar a que encuentres un sentido a tu sufrimiento. Por ejemplo, tal vez tengas que ir al dentista y en el momento quizás eso no se sienta bien. De cualquier manera, en el largo plazo, ir al dentista está al servicio de tener una buena salud bucal, por esto también les llamamos "conductas de compromiso".

*Conductas de alejamiento o "lo que hago después"*: Estas son las conductas que haces para alejarte de las experiencias mentales indeseadas o que llevas a cabo cuando tu experiencia interna opera como autorreglas que gobiernan tu comportamiento de forma rígida. Alejarse de experiencias desagradables puede hacernos sentir bien e incluso en muchas circunstancias puede ser útil. Si caminas por la vereda y miras hacia la izquierda y ves que viene un camión hacia ti, sientes miedo y saltas para escaparte del miedo, y eso se siente bien. Por supuesto, esta conducta también funciona a largo plazo con tu salud pero, en el momento, deshacerse del miedo es lo que te hace sentir bien. El problema es cuando estás estrategias de evitación experiencial se generalizan llevando a que un gran porcentaje de nuestras acciones se encuentre predominantemente bajo control aversivo, incluso cuando a largo plazo no funcionan.

De la misma manera, dejarse llevar por ciertos impulsos también puede proporcionarnos placer a corto plazo, aunque a largo plazo nos aleje de algo que nos importa o es valioso para nosotros. Así, pasar un buen rato con otra persona puede hacernos sentir muy bien, aunque a largo plazo eso afecte nuestra relación de pareja.

### 7.1.4. Notar diferencias:

Esta conducta de comparar y contrastar es la esencia de la flexibilidad psicológica, ya que implica discriminar eventos y a partir de allí elegir un camino de acción (¿recuerdas la perspectiva de observador?). En la Matrix, entrenamos esta conducta reconociendo las diferencias entre nuestra experiencia sensorial y mental, y notando las diferencias entre llevar a cabo *conductas de alejamiento* versus realizar *conductas de aproximación* a lo que es más importante para nosotros.

Habiendo establecido este lenguaje común, vamos a comenzar con nuestro entrenamiento. Recuerda  la discusión previa acerca de andar en bicicleta y sentir la sensación de balance. Así como ajustas el peso del cuerpo cada vez que notas que estás fuera de balance, vas a aprender a *notar* cuando estás fuera de balance con relación a aquello que es más importante para ti y a realizar los ajustes que consideres necesarios. Por suerte para nosotros, tendremos la ayuda de nuestro diagrama para que el viaje sea más simple (Figura 23). Durante los siguientes ejercicios de entrenamiento vas a volverte más y más experimentado con el uso de este lenguaje, notando diferencias y clasificando tus experiencias utilizando el diagrama, todo al servicio de practicar FP y moverte hacia una vida valiosa.

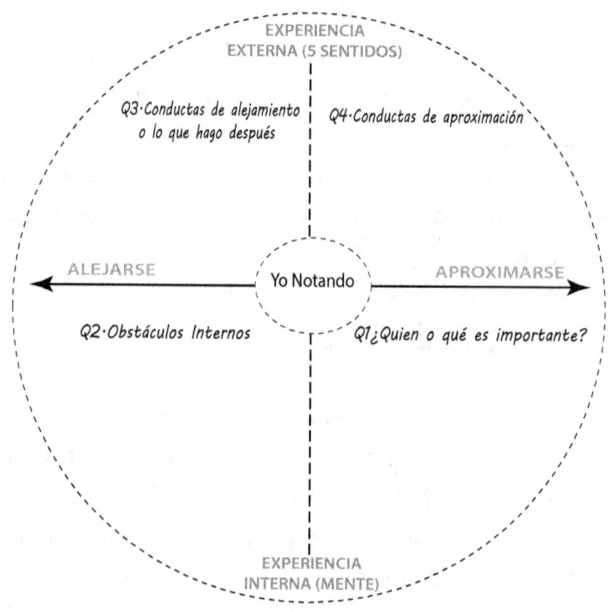



**Figura 23**: Representación gráfica del modelo ACT-Matrix

## 7.2. Las Discriminaciones Básicas

Como ya señalamos, el EFP es en esencia un entrenamiento en notar diferencias, un entrenamiento en discriminaciones. Estas discriminaciones se realizan de acuerdo a dos dimensiones fundamentales: la dimensión de contexto *público/privado*, representada en el diagrama como experiencias externas o de los "5 sentidos", versus experiencias internas o de la mente, que denominaremos **D1** (Discriminación 1), y la dimensión conductual de *aproximación/alejamiento*, representada en el diagrama como movimientos de "Aproximarse" o "Alejarse", que denominaremos **D2** (Discriminación 2).

La primera discriminación que trabajamos con nuestros consultantes está representada en el eje vertical **D1**. Así, el consultante aprende simplemente a *notar* las diferencias entre las experiencias de los cinco sentidos y las experiencias mentales. En nuestros entrenamientos y cuando trabajamos con nuestros consultantes, nos gusta usar un lápiz o una lapicera para entrenar esta primera discriminación (principalmente porque casi siempre hay una a mano).

Solemos decir a nuestros consultantes que no somos psicoterapeutas, que en realidad somos "entrenadores en Flexibilidad Psicológica". Esto lleva a que el consultante nos pregunte inmediatamente, casi el 100% de las veces: "¿qué es eso?". En caso de que no lo pregunte, nosotros le decimos: "¿quieres saber qué es eso?" y de sacamos un lápiz invitándolos a notar con los cinco sentidos (o cuatro, ya que saborearlo suele ser poco higiénico). Luego ponemos el lápiz fuera de su visión y los invitamos a notar la experiencia mental del lápiz. Finalmente, los invitamos a notar la diferencia entre ambas experiencias.

La segunda discriminación básica (**D2**) permite al consultante notar las diferencias entre los movimientos de aproximación a lo que es importante en su vida y los movimientos de alejamiento de las experiencias internas indeseadas. Una vez presentadas las dos discriminaciones básicas podemos comenzar el trabajo sobre los cuatro cuadrantes representados por las cosas importantes en la vida, los obstáculos internos, los comportamientos de alejamiento y los comportamientos de aproximación o compromiso. Clasificando en estos cuadrantes, los consultantes aprenden a notar las diferencias y a clasificar sus propias experiencias y comportamientos. De hecho, podemos pensar que el Yo notando se constituye como una tercera discriminación (**D3**).

## 7.3. Ejemplo de aplicación

Para una mejor comprensión del modelo, el uso de la Matrix será ilustrado con el caso clínico con el que hemos venido trabajando. Te recomendamos volver a leer el caso presentado en la primera parte del libro, para poder comprender mejor lo que sigue. El caso se redactará en primera persona por una cuestión de estilo.

### 7.3.1. Primera sesión con Juan

En la primera sesión con Juan, lo invito a describir su problema. Describe sus síntomas y cuán difícil le está resultando vivir de esta manera. Reporta dos experiencias anteriores de psicoterapia infructuosa, en las que aprendió algunas técnicas de distracción y de relajación que le sirvieron al principio pero luego dejaron de ser útiles. Se muestra frustrado e indefenso, considera que está cansado de luchar con su problema y que "necesita sacarse esta ansiedad y eliminar su pánico de una vez por todas".

Valido su frustración y normalizo sus intentos de manejar el problema. Le expreso que desde el punto de vista que trabajaremos no ha hecho nada mal, sino que ha hecho muy bien aquello que conoce, aunque no esté funcionando hoy para caminar hacia lo que es importante en su vida. Le propongo la posibilidad de explorar este punto de vista diferente, al cual denominaremos Entrenamiento en Flexibilidad Psicológica. Juan expresa su interés y disposición, a partir de lo cual comenzamos a trabajar con la Matrix.

### 7.3.2. Estableciendo el punto de vista

En la segunda sesión, informo a Juan que muchos de nuestros problemas tienen que ver con la manera en la que intentamos manejarlos o resolverlos. Le informo, además que el objetivo de la terapia será establecer un nuevo punto de vista con el propósito de aprender a guiarnos en la vida hacia cosas importantes. Lo invito a conocer este punto de vista dibujando una línea vertical en cuyo extremo superior escribo las palabras "Experiencia Externa" y en el inferior las palabras "Experiencia Interna". Luego, dibujo una línea horizontal en el centro y un círculo en el punto de unión de ambas líneas. Escribo en el extremo derecho de esta línea la palabra "Aproximarse" y en el izquierdo la palabra "Alejarse". Luego se genera el siguiente diálogo:

T: Ok, estamos listos Juan. Para comenzar, debo comentarte que el EFP no es otra cosa que aprender a notar diferencias. En este proceso quizá te sientas un poco confundido y está bien si eso ocurre. A veces el proceso de adquisición de nuevos aprendizajes es precedido por un poco de confusión. Comencemos con la primera diferencia. Todos los seres humanos vivimos en dos mundos, el mundo de los cinco sentidos y el mundo de la experiencia interna, o lo que denominaremos el mundo de nuestra "mente". Comencemos con los cinco sentidos. Para eso voy a tomar este lápiz que tengo en mi bolsillo [le entrego el lápiz]. Te voy a pedir que dediques algunos minutos a observar el lápiz como si fuese la primera vez que ves uno [Juan dedica algunos segundos a observarlo]. Ok, ahora vamos hacer lo mismo con el oído, para lo cual puedes darle pequeños golpes al lápiz o incluso escuchar el silencio que emana del mismo [Juan dedica algunos segundos a escucharlo].

J: Ok, se escucha seco...

T: Perfecto. Ahora te voy a pedir que lo acerques a tu nariz y lo huelas. [Juan dedica algunos segundos a oler el lápiz].

J: Huele a madera...

T: Excelente. Ahora te voy a pedir que con tus manos sientas la textura del lápiz, su temperatura o cualquier aspecto que te llame la atención al tacto [Juan dedica algunos segundos a tocar el lápiz]. Perfecto, no te voy a pedir que lo notes desde el gusto porque no sería muy higiénico [Juan ríe]. Ahora vamos a explorar el mundo de la mente, para lo que te voy a pedir que imagines el lápiz [retiro el lápiz de la vista de Juan], imagina que lo observas, lo hueles, lo escuchas, lo tocas, e incluso que lo saboreas, ya que los lápices mentales son más higiénicos.

J: Listo.

T: Buen trabajo, ahora quiero preguntarte. ¿Los dos lápices eran exactamente iguales? Es decir, ¿notaste alguna diferencia entre el lápiz de la mente y el de tus cinco sentidos?

J: ¡Sí! Eran diferentes...

T: Buen trabajo Juan, acabas de notar la primera diferencia. Como verás, todos vivimos en ambos mundos y, aunque sean diferentes, a veces nos cuesta notar esa diferencia.

J: Para mí es muy difícil ya que me la paso en el mundo de la mente.

T: ¡Bien notado Juan! Exactamente, los seres humanos pasamos mucho tiempo en ese mundo. ¿Sabes por qué?

J: No.

T: Porque  muchas veces es útil... y muchas veces no. Por eso, nuestro trabajo apunta a que puedas notar esa diferencia. Cuándo sirve y para qué, y cuándo no sirve.

J: Me gusta la idea.

T: Ahora vamos a dedicar algunos segundos a esta segunda línea [señalo la línea horizontal]. Como te dije, todos los seres humanos vivimos en dos mundos, el mundo de los cinco sentidos y el mundo de la experiencia interna, y podemos decir que todos los seres humanos, incluso mi perro Blaz, hacemos todo lo que hacemos por dos cosas:

aproximarnos a lo que es importante para nosotros y escapar de aquello que nos pone en peligro. Así, Blaz se aproxima a sus juguetes, a su amiga Franca, a sus huesos y a mí; por otro lado, se escapa de las tormentas. Incluso muchas veces se escapa de las tormentas aunque eso implique alejarse de sus cosas importantes.

J: Mmm...

T: Ahora, como recordarás, los seres humanos vivimos en dos mundos, por lo que tenemos cosas importantes similares a los huesos de Blaz, es decir, que podemos percibir con nuestros cinco sentidos y cosas importantes...

J: En nuestra mente.

T: Exacto. Y tenemos obstáculos y tormentas que podemos percibir con nuestros cinco sentidos y...

J: ¡Tormentas internas!

T: ¡Exacto Juan! Entonces, para empezar te voy a pedir que me respondas lo siguiente. ¿Quién o qué es importante en tu vida? [A continuación llenamos el cuadrante 1 con aquello más importante para Juan].

J: Mis amigos, mi madre, las películas, una novia.

T: Excelente. Entonces pondremos aquí a tus amigos, tu madre, las películas y una novia.

J: Bueno, mi trabajo, aunque de verdad no me gusta nada ir.

T: Ok. ¿Y aun así es importante para ti?

J: Supongo que sí.

T: ¡Perfecto! Entonces podemos escribir trabajo también.

J: Sí. Y el gimnasio.

T: Escribamos gimnasio entonces. ¿Algo más? La lista no necesita ser exhaustiva, pero es importante que las cosas que sean más importantes para ti estén incluidas.

J: ¿Personas pueden ser? Mi hermano José.

T: Perfecto. Ponemos a José. Incluso sabes que, para mi tú eres muy importante. ¿Te molestaría que te incluya?

J: No me molestaría. De hecho, yo también creo que soy importante, solo que en ocasiones lo olvido. No soy bueno cuidando lo importante, ni cuidándome a mí mismo. Soy un desastre.

T: Puedo observar cuán difícil debe ser eso para ti Juan. Y también concuerdo en que es muy difícil cuidar las cosas que son importantes para nosotros. ¿Sabes por qué? Porque hay obstáculos externos e internos en el camino, como el pensamiento "soy un desastre". Por eso quiero preguntarte ¿qué otras experiencias internas (emociones, pensamientos, recuerdos) aparecen normalmente en tu vida como obstáculos en tu camino hacia aquello que es importante? Por ejemplo, en mi vida mis hijas son muy importantes y es muy importante para mí ser un padre empático y cercano, pero muchas veces mis preocupaciones me impiden estar cerca de ellas. En mi caso entonces podría anotar esas preocupaciones aquí, en el cuadrante inferior izquierdo. ¿Qué pondrías tú?

J: Las preocupaciones y los pensamientos negativos, y estar pensando todo el día en que voy a tener un ataque de pánico si salgo solo.

T: Ok, entonces vamos a escribir preocupaciones y pensamientos negativos. Y "voy a tener un ataque de pánico si salgo solo" entre comillas, para reconocerlo como un pensamiento. ¿Estás de acuerdo?

J: Sí. También el pensamiento "debería salir y no voy a poder hacerlo nunca".

T: OK. Entonces escribiremos eso.

J: Estoy muy mal, me parece [expresa con preocupación].

T: OK. Entonces, ¿escribimos "estoy muy mal, me parece"? Es un pensamiento muy difícil.

J: Sí, pero no es un pensamiento, yo lo siento así.

T: OK, escribamos entonces eso que sientes. ¿Qué puedes notar cuando sientes eso?

J: Mucha bronca, frustración e impotencia.

T: Puedo notar que es muy difícil lo que estás experimentando.

J: Sí, me da mucha bronca.

T: Y me parece muy valiente que me lo puedas expresar.

J: Mucha bronca.

T: Vamos a subrayar entonces la palabra bronca. Perfecto Juan, estamos haciendo un gran trabajo. Entonces, ya sabemos que aun cuando en nuestra vida hay cosas importantes muchas veces no las llevamos a cabo debido a estos obstáculos internos que aparecen de una forma inesperada, incluso aquí conmigo. Ahora, cuando estos obstáculos aparecen, ¿qué es lo que haces para escapar de ellos, qué conductas llevas a cabo? [Comenzamos a trabajar en el Cuadrante 3].

J: Ir a terapia

T: OK. Entonces escribamos "Ir a terapia" en la parte superior izquierda. ¿Qué más?

J: Veo televisión, busco información en internet, hago ejercicios de relajación, llamo a mi mamá por teléfono. No salgo y me aíslo, sobre todo cuando la ansiedad es muy fuerte.

T: Ok. ¿Y dónde podríamos poner la ansiedad?

J: Ya veo, abajo a la izquierda, es una experiencia interna que no me gusta.

T: ¡Perfecto! Entonces vamos a escribir "ansiedad". ¡Estas notando muy bien! ¿Y qué es lo que haces inmediatamente después de que la ansiedad aparece, cuando ella te domina?

J: Empiezo a pensar en qué hacer, hasta que me desespero y llamo a mi mamá.

T: ¡Bien notado! [Juan sonríe] ¿Hay alguna otra cosa que hagas cuando sientes o experimentas algo de aquí abajo?

J: Sí. Si la ansiedad es muy alta, tomo un poco de alcohol para tranquilizarme o me tiro en la cama.

T: OK. Escribamos eso. ¿Alguna otra conducta que quieras escribir?

J: Creo que no.

T: Entonces, ahora tenemos una buena idea de lo que haces para escapar de estos dolorosos pensamientos y emociones, o lo que haces cuando ellos te dominan. ¿Y quién puede notar los comportamientos que utiliza para escapar de aquello que no le gusta pensar o sentir?

J: Yo.

T: ¡Perfecto! Entonces escribamos "Yo Notando" en el círculo del medio. Lo que me interesa ahora es conocer qué es lo que haces cuando te estás moviendo hacia lo que es importante en tu vida. También podemos pensarlo así: ¿Qué es lo que harías para moverte hacia lo que es importante en tu vida si no estuvieses haciendo las cosas de la izquierda? Imagina que tuviésemos una cámara y te filmásemos haciendo esas cosas. ¿Qué cosas te veríamos haciendo?

J: Salir con mis amigos, hacer ejercicio, salir a correr.

T: ¿Y a qué cosa importante te acerca eso?

J: A mi mis amigos, a mí mismo.

T: Muy bien. ¿Algo más?

J: Salir con José a bailar y conocer chicas.

T: Entonces ponemos eso también. ¿Algo más?

J: Ir a trabajar solo, sin mi mamá. Pero eso me alejaría de ella, ¿o no?

T: Bien, es una buena pregunta. ¿De qué otras formas podrías acercarte a tu mamá?

J: Yendo a visitarla a su casa, invitándola a comer.

T: Interesante. ¿Y qué diferencia notas entre ir con tu mamá al trabajo hoy y aproximarte a ella de esas otras maneras?

J: Creo que en el segundo caso me siento más libre, como que elijo estar con ella.

T: ¿Es importante la libertad para ti Juan?

J: Muy importante... [Juan se emociona y queda en silencio por algunos minutos]

T: Eso fue muy intenso Juan, puedo ver lo que la libertad significa para ti. ¿Lo escribimos?

J: Abajo a la derecha. Y una cosa más. Quizá te parezca raro, pero siento que la terapia también me aproxima a mí.

T: ¡Ok! Excelente, escribimos eso también. Hemos establecido nuestro punto de vista. Aquí en la izquierda tenemos aquello que no queremos sentir o pensar y aquello que hacemos para alejarnos de esto cuando aparece. Y aquí, a la derecha, tenemos las cosas que son importantes para nosotros y algunos de los comportamientos que llevamos a cabo para acercarnos a estas cosas importantes. Paremos algunos segundos a mirar tu Matrix (ver Figura 24).

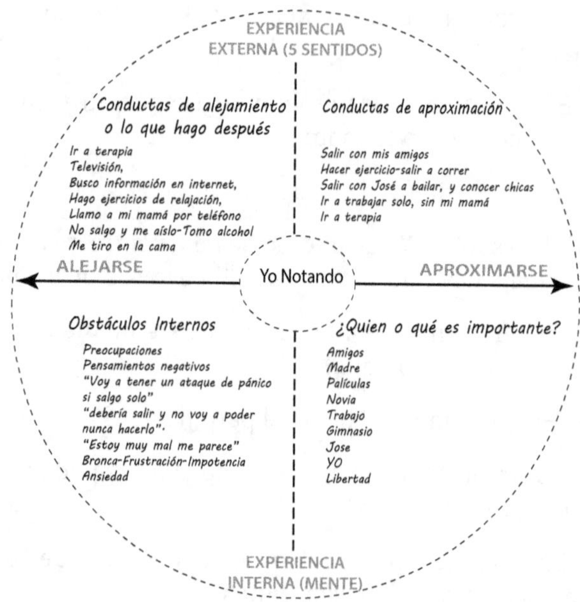


**Figura 24:** Matrix de Juan

Hasta aquí he trabajado la rutina básica con Juan, permitiendo que discrimine las funciones principales de sus comportamientos. Lo expuesto ejemplifica las Fases 1 y 2 de nuestro entrenamiento. A continuación te presentaremos las Fases 3 y 4.

### 7.3.3. Evaluando porcentajes de conductas del lado izquierdo y derecho

T: Juan, si pudieses escoger entre una vida en la que la mayoría de las cosas que haces están al servicio de lo que es importante en tu vida [apuntando a la derecha] y una vida en la que la mayoría de las cosas que haces están al servicio de tus obstáculos internos [apuntando a la izquierda] ¿Cuál elegirías?

J: Ésta [apuntando a la derecha]. Pero siento que necesito hacer las de la izquierda, no es tan simple.

T: Coincidimos en eso Juan. Es comprensible que así sea. Y esta es la propuesta, juntos vamos a aprender a aproximarnos cada vez más a una vida del lado derecho, incluso en presencia de obstáculos internos.

J: ¿Y cómo hago eso?

T: Inicialmente, lo que nos va a ayudar es notar. Utilizando este punto de vista vamos aprender de a poco qué es lo importante en nuestra vida y cómo podemos movernos hacia ello. Nuestra tarea hoy implica solo un ejercicio más, para lo cual voy a pedirte que cierres los ojos y notes que va pasando mientras te leo algunas de las cosas que escribimos en tu Matrix. Nota qué imágenes aparecen, emociones e incluso las sensaciones en tu cuerpo. ¿Estás listo?

J: Sí [cerrando los ojos].

T: Amigos, madre, películas... [Continúo leyendo todo lo que incluimos en los dos cuadrantes del lado derecho]. Ok. ¿Qué notaste?

J: Una sensación rara y un poco de alegría.

T: Bien notado. Ahora lo haremos nuevamente. Cierra los ojos y nota qué va pasando mientras te leo algunas cosas más que escribimos en tu Matrix. Nota qué imágenes aparecen, emociones e incluso las sensaciones en tu cuerpo. ¿Estás listo?

J: Sí.

T: Ansiedad, preocupaciones [Continúo leyendo todo lo que incluimos en los dos cuadrantes del lado izquierdo]. Ok. ¿Qué notaste?

J: Horrible. Mucha ansiedad, bronca, tensión.

T: Vamos por buen camino Juan, estás notando cada vez mejor. Ahora te voy a hacer unas preguntas muy difíciles [con tono de broma]. En los últimos cinco años, ¿qué porcentaje del tiempo viviste del lado derecho y que porcentaje del lado izquierdo?

J: Mmm, 80 del lado izquierdo y 20 del derecho.

T: Bien. Ahora una pregunta un poco más difícil. ¿En los últimos dos años?

J: Exactamente igual.

T: Perfecto. Esta va a ser más difícil aún. ¿Los últimos 6 meses?

J: 100% del izquierdo.

T: ¡Estoy viendo casi a un cinturón negro del notar! Esta es muy difícil, aún para un cinturón negro. ¿El último mes?

J: 99,9% lado izquierdo [en tono jocoso].

T: ¡Excelente! Ahora la última. ¿La última semana?

J: Si incluimos que vengo a terapia, diría que un 70% del lado izquierdo y un 30% del derecho.

T. Muy bien notado Juan. Incluso pudiste notar algo con relación a venir a sesión hoy. Entonces,  venir a sesión ¿es un movimiento de la izquierda o de la derecha?

J: Jeje, un poco de ambos. Puedo ver lo que dices. ¿Puede ser que a veces lo haga para una cosa y a veces para otra?

T: Parece que eso es lo que notaste. Entonces, Juan, de eso se trata nuestro trabajo. Vamos a aprender a notar las opciones y poder incluso aprender a elegir movernos hacia lo importante, aun cuando las cosas que no queremos sentir o pensar aparecen. Para la semana siguiente, la idea es que aproveches para notar tus acciones de aproximación y alejamiento. No tienes que hacer nada diferente a lo que vienes haciendo, solo notar. ¿Está bien?

J: Está bien.

Como puede verse, en el trabajo realizado hemos establecido el  punto de vista contextual funcional, realizando un análisis funcional del comportamiento, ampliando el contexto verbal hacia funciones apetitivas y reorientando los objetivos terapéuticos. Sumado a esto, hemos evocado procesos de toma de perspectiva con relación al mundo interno, utilizando claves temporales. Si bien esto no lo hemos explicado antes, es importante que sepas que, con mucha práctica, la Matrix te permite experimentar de diferentes formas, incluir nuevos pasos o hacerlos a tu manera. La decisión de incluir un trabajo con claves deícticas de temporalidad se basa en el supuesto de que esto puede aumentar el impacto de los procesos de toma de perspectiva.

### 7.3.4. Practicando Flexibilidad Psicológica durante el día

Desde este abordaje, la práctica para la casa va a estar relacionada muchas veces con notar y observar por lo cual el consultante habrá tenido éxito en la medida que note (aún cuando note que no pudo notar). En general, en esta primera etapa del entrenamiento la práctica implica simplemente notar en algún momento del día si nos sentimos más del lado derecho o más del lado izquierdo sin intentar cambiar nada. En nuestra práctica hemos encontrado que el uso de estrategias de control estimular es de gran utilidad por lo que solemos plantear un "juego" con el consultante, utilizando alguna aplicación de mensajería celular. A continuación se incluye un extracto de la sesión de Juan como ejemplo.

> T: Bien Juan, como te dije, en la medida que más practiquemos, mejor seremos en esto de la FP. Así como en el entrenamiento físico, la práctica es la esencia del entrenamiento. Por esto, voy a proponerte un juego que haremos juntos y que permitirá que consolidemos lo que trabajamos el día de hoy. ¿Estás dispuesto?

> J: Claro que sí.

> T: Ok, te voy a pedir que escojas un emoticón de tu aplicación de mensajería que represente tu lado izquierdo

J: Ok. Esta manito cerrada.

T: Ahora lo mismo, pero para tu lado derecho.

J: Ok, esta manito abierta, como saludando.

T: Muy bien. Ahora, durante esta semana, en algún momento del día voy a enviarte un mensaje preguntándote si te sientes más del lado de la manito cerrada o de la manito abierta y en qué porcentajes. ¿Ok? Yo también juego, es decir, me lo puedes preguntar a mí y ayudarme a entrenar. Si el mensaje llega en un momento inoportuno, en el momento que puedas contestar, paras, notas y respondes. ¿Qué te parece?

J: Me encanta. Va a ser de mucha ayuda. Una pregunta, ¿puedo mostrarle todo esto a alguien?

T: Por supuesto, eso también es una muy buena forma de practicar. ¿Algo más antes de terminar?

J: Si. ¿De qué lado de la Matrix estás ahora?

T: Jaja. Después de tu pregunta, 99,9% del lado derecho.

J: jaja. Bien notado.

Como puede verse, el mensaje con emoticones opera como un estímulo discriminativo de utilidad para la conducta de notar. Asimismo, es una estrategia muy útil para fortalecer la relación terapéutica y para tener un seguimiento del consultante durante la semana. Esta actividad le da la posibilidad al consultante de practicar la habilidad de notar en múltiples contextos, pudiendo discriminar entre conductas que forman parte de clases problemáticas de respuesta y aquellas que pertenecen a clases alternativas, ligadas a aquello que es más importante.

# Capítulo 8
# Paso 1: Identificando *Loops*

Dada la capacidad generativa del lenguaje, una vez que la persona ha incorporado a su repertorio la capacidad de seguir reglas verbales, nuevas reglas van a emerger constantemente, pudiendo incluir conductas que nunca hemos realizado y consecuencias que nunca hemos experimentado, lo que permite la regulación de nuestros comportamientos en contextos novedosos y situaciones nuevas. Como puede suponerse, esta habilidad dota de gran flexibilidad al comportamiento humano, pero también puede constituirse en la base de ciertas trampas verbales que conllevan la persistencia en cursos de acción inefectivos. Esta persistencia inefectiva es un fenómeno frecuente en psicoterapia y desde la RFT esto puede conceptualizarse como resultado del seguimiento problemático de autorreglas.

Para entender mejor esto, pensemos en un ejemplo donde la regla podría ser: "Si dejas de pensar en fantasmas, no vas a sentir más miedo". En la regla puede observarse que se especifica qué hacer (no pensar), para obtener la consecuencia (no sentir más miedo) y puede observarse que la autorregla especifica una conducta de control de eventos internos. Por esto, sería también un ejemplo de evitación experiencial resultante de la regulación verbal inefectiva. Así, este seguimiento inefectivo de autorreglas lleva a que la persona persista en un curso de acción, aun cuando las consecuencias establecidas por la regla no coinciden con las consecuencias efectivamente experimentadas. Si en el ejemplo evaluamos la efectividad de la autorregla, podemos preguntarnos si es posible dejar de pensar y si al hacerlo efectivamente vamos a dejar de sentir miedo.

Como señalamos en la primera parte de este libro, en ACT es muy importante trabajar con nuestros consultantes para que puedan notar con precisión la relación entre lo que hacen y las consecuencias que experimentan de ello, utilizando como base el análisis funcional. La persistencia inefectiva requiere que trabajemos con nuestros consultantes con el objetivo de aumentar su sensibilidad a los antecedentes y a las consecuencias de sus conductas. De esta manera, nuestra tarea es ayudar al consultante a notar con precisión la relación entre lo que hace, los antecedentes de lo que hace y las consecuencias derivadas de su conducta. Es decir, la idea es que el consultante pueda "*trackear*"[4] lo que hace, notando cuándo lo hace, con qué propósito lo hace y cuáles son las consecuencias de eso que hace (Törneke et al., 2016).

Aun cuando, en general, los consultantes en alguna medida notan que algo de lo que hacen no está funcionando (de otro modo no acudirían a consulta), muchas veces no son conscientes de las relaciones específicas entre lo que hacen y las consecuencias derivadas de ello. Por eso, en esta tarea ayudamos a que puedan identificar las diferentes conductas evocadas por ciertos antecedentes (experiencia internas) y las consecuencias de ellas, notando al mismo tiempo si estas conductas funcionan

---

[4] Utilizamos el anglicismo adaptado al castellano, considerando que el mismo se utiliza en forma amplia por la comunidad ACT hispanoparlante. El término puede traducirse como "rastrear" los eventos que están influyendo la conducta del individuo (externa e interna), en el mismo sentido propuesto por Villatte et al. (2015) y Barnes-Holmes et al. (2018).

o no. Sin duda alguna, la Matrix simplifica este trabajo, ya que proporciona al consultante y al terapeuta un modelo visual para identificar relaciones funcionales entre las experiencias internas no deseadas, la conducta observable y los valores personales.

Utilizando la Matrix la persona está en mejores condiciones para evaluar la utilidad de sus conductas identificando experiencialmente la persistencia inefectiva. Al facilitar la identificación de estas clases funcionales problemáticas, la Matrix contribuye a que las autorreglas que las sustentan puedan ser identificadas y enmarcadas jerárquicamente en el Yo *deíctico* (Luciano, Valdivia-Salas & Ruiz, 2012).

En este capítulo, te mostraremos una manera específica de generar un contexto experiencial de identificación y trabajo focalizado en la persistencia inefectiva, utilizando para ello la metáfora del *loop*. Utilizamos esta metáfora como una manera de hacer más evidente las funciones problemáticas de la persistencia inefectiva en un curso de acción

## 8.1. Identificando *Loops*

Para comenzar a refinar nuestra práctica identificando *loops* retomemos la Matrix de Fabián, trabajada en la primera parte de este libro. A partir de ella vamos a intentar rastrear los antecedentes de sus conductas de alejamiento, con el propósito de visualizar la función de lo que Fabián hace.

Cuando Fabián siente miedo o ira lo que habitualmente hace es mirar Facebook o aislarse en su estudio. Lo que habitualmente acontece luego, como una consecuencia a corto plazo, es sentir alivio, ya que eso le permite de alguna manera distraerse o alejarse de situaciones incómodas. A mediano plazo, aparecen algunos pensamientos difíciles como "soy un mal padre", "no me van a querer si soy de esta manera", y emociones de culpa y vergüenza. Cuando esto sucede, y dado que estas experiencias son marcadamente aversivas, Fabián recurre a otras estrategias tales como aislarse, quedarse callado, y el ciclo o loop sigue. Como puedes ver, utilizamos las palabras "ciclo" y "loop" (puedes usar cualquiera de ellas) intencionalmente para que el consultante pueda observar el carácter circular y repetitivo de este proceso.

A continuación, vemos el *loop* de Fabián, al que él escogió llamar: *"Aislarse en la cueva"*. (Figura 25).

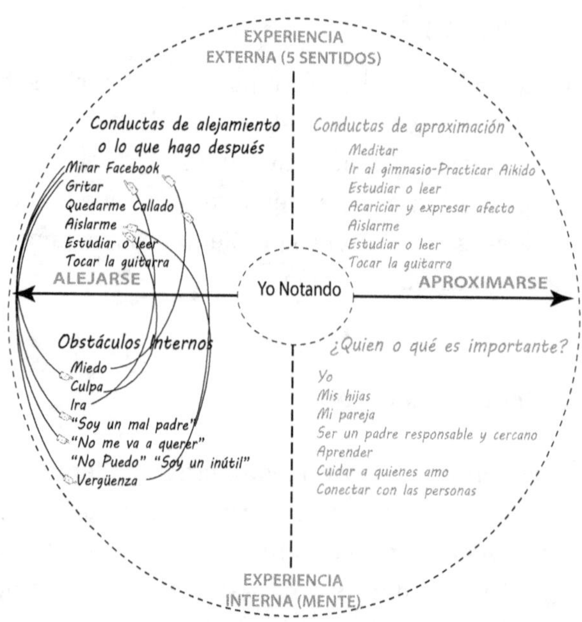


**Figura 25:** Representación gráfica del *loop* de "aislarse en la cueva" en la ACT-Matrix de Fabián

Repasando, en el ejemplo hicimos lo siguiente:

1. Agrupamos las diferentes experiencias internas de Fabián en el cuadrante Obstáculos Internos.

2. Identificamos qué es lo que Fabián hace cuando experi-

menta estas experiencias (tomando estas experiencias como antecedentes), agrupando estos comportamientos con base en una función común en el cuadrante de Conductas de evitación o "lo que hago después".

3. Evaluamos las consecuencias de estas conductas a corto y a largo plazo.

En resumen, nuestro trabajo implicó identificar las diferentes conductas que Fabián lleva a cabo en relación a ciertos antecedentes privados, conductas que comparten una función (evitar experiencias internas u obedecer a ellas). Como recordarás, este "grupo" de conductas diferentes reunidas con una función común se denomina *clase funcional*. Luego, trabajamos para notar las consecuencias de esta clase de comportamientos, tanto a corto como a largo plazo.

Al trabajar de esta manera con nuestros consultantes, lo ayudamos a discriminar una clase funcional de comportamientos problemática. La identificación de *loops* permite establecer la utilidad de lo nuestros movimientos, posibilitando al consultante experimentar vivencialmente el punto de vista funcional aplicado a su propio comportamiento.

### 8.1.1. Hazlo tú mismo.

En este apartado trabajaremos juntos para que puedas hacer este ejercicio con algunas de tus experiencias personales. Con el propósito de que veas que conociendo los principios de conducta puedes intervenir de diferentes maneras, no utilizaremos la Matrix. No obstante, en el ejemplo clínico que te presentamos a continuación podrás ver cómo hacer el mismo trabajo con ella.

**Paso 1**: Identifica algunas de tus experiencias internas indeseadas. Recuerda que pueden ser emociones (miedo o vergüenza, por ejemplo), pensamientos ("no voy a poder", "soy un inútil"), sensaciones somáticas (presión en el pecho), recuerdos (cuando reprobé el examen), etc.

**Paso 2**: Identifica  algunas de las conductas que utilizas para alejarte de tus experiencias internas indeseadas o que llevas a cabo cuando estas experiencias gobiernan tu comportamiento de forma rígida.  Recuerda que las conductas pueden ser muy diferentes entre sí.

**Paso 3:** Vincula la experiencia mental con la conducta que sueles hacer para alejarte de ella o la conducta que llevas a cabo cuando la experiencia te gobierna en forma rígida.  Por ejemplo, el miedo puede estar vinculado con no ir a rendir el examen.

| Experiencia Interna | Conducta observable |
| --- | --- |
| Miedo | No ir a rendir el examen |

Ahora vincula otras experiencias internas con las conductas observables correspondientes

| Experiencia Interna | Conducta observable |
| --- | --- |
|  |  |
|  |  |
|  |  |
|  |  |

**Paso 4:** Nota qué es lo que ocurre después de la conducta observable y pregúntate: ¿la experiencia interna desaparece?, ¿cuál es el costo de seguir actuando de esta manera cuando esta experiencia interna está presente?, ¿cuán efectivo es este comportamiento? Por ejemplo,  al  no ir a rendir el examen para escapar del miedo a corto plazo siento alivio, pero a largo plazo el miedo no desaparece, e incluso comienza a estar acompañado

de culpa o de pensamientos del tipo "no voy a poder". El costo es atrasarme en mis estudios y sentirme cada vez más frustrado. En relación con este último criterio, podemos evaluar la efectividad de la conducta utilizando una escala de 1 (nada efectiva) a 5 (muy efectiva). A continuación te mostramos el ejemplo de forma gráfica.

| Experiencia Interna | Conducta observable | Consecuencias a corto plazo | Consecuencias a largo plazo | Efectividad (1-5) |
|---|---|---|---|---|
| Miedo | No ir a rendir el examen | Alivio | **Emociones**: Miedo, culpa, frustración. **Pensamientos**: "no voy a poder". Me atraso en mis estudios | 1 |

Ahora realiza la misma tarea con tus experiencias internas.

| Experiencia Interna | Conducta observable | Consecuencias a corto plazo | Consecuencias a largo plazo | Efectividad (1-5) |
|---|---|---|---|---|
|  |  |  |  |  |
|  |  |  |  |  |
|  |  |  |  |  |

**Paso 5**: Si la efectividad estimada a partir de las consecuencias observadas no es alta, vamos a llamar *loop* a esa secuencia conductual y el paso final es ponerle un nombre que resuma estas diferentes secuencias. El nombre queda a tu libre elección, pero debe ser un nombre que te permita identificarlo rápidamente cuando esté sucediendo y mejor aún si tiene nombre de

acción. Así, en el ejemplo Fabián eligió llamarlo "esconderse en la cueva", pero podría haberlo llamado simplemente "aislarse".

## Ejemplo Clínico

A continuación, con el objetivo de representar cómo utilizamos esta estrategia con nuestros consultantes usando la Matrix, volvemos al caso de Juan. Te recomendamos volver a leer el caso en el capítulo 2 si no lo recuerdas muy bien, para  poder comprender mejor lo que sigue.

T: Bien Juan, hoy me gustaría invitarte a que conozcamos un poco mejor cómo funciona el lado izquierdo de nuestra Matrix y, para ello, me gustaría hacerte algunas preguntas específicas. ¿Estás de acuerdo?

J: Sí.

T: Como recordarás, me contaste que muchas veces aparecen en tu día preocupaciones y pensamientos negativos o expectativas de que vas a tener un ataque de pánico si sales solo. ¿Es así?

J: Sí.

T: Bien, lo que hoy te propongo es que, como una segunda fase en nuestro entrenamiento, observemos con detenimiento, como si estuviésemos leyendo el guión de una película, qué es lo que pasa cuando aparecen estos obstáculos internos y cómo funciona lo que haces en estas situaciones. ¿Estarías interesado?

J: Sí, me interesa.

T: OK. ¿Me podrías comentar qué es lo que haces cuando aparecen estos pensamientos y estas expectativas de un posible ataque de pánico, ya sea para alejarte de ellos o cuando ellos te gobiernan?

J: Veo televisión, busco información en internet o me tiro

en la cama.

T: Ok. Entonces haremos una flecha que una tus obstáculos internos (preocupaciones, etc.) con las conductas que me dices. Mi siguiente pregunta es: ¿Qué pasa inmediatamente después de que haces eso?

J: Siento un poco de alivio, pero no me dura mucho.

T: Bien notado Juan. Entonces me dices que a corto plazo funciona dándote alivio, pero a largo plazo no dura. ¿Es así?

J: Mmm. Sí.

T: Y cuando evaluamos las consecuencias un poco más a largo plazo, ¿qué sucede?

J: Ya veo. Me pongo cada vez más ansioso y... llamo a mi mamá.

T: ¡Perfecto! Entonces vamos a escribir otra flecha, uniendo estas conductas con esas experiencias. ¿Y qué es lo que pasa luego?

J: Llamo a mi mamá por teléfono y eso a veces me calma un poco, pero al mismo tiempo siento que debería poder salir solo y que nunca voy a poder hacerlo. Siento bronca, frustración e impotencia.

T: Ok. Volvamos entonces a tu Matrix. ¿Puedes ver lo que representan las flechas? A esto es a lo que llamaremos de aquí en adelante un loop.

J: ¿Como los aviones?

T: Efectivamente. Hablando técnicamente, un loop es un proceso en el que hacemos lo que creemos mejor para afrontar nuestras experiencias internas y que, de hecho, puede funcionar a corto plazo, pero a largo plazo nos lleva a persistir en direcciones poco efectivas. Sí, utilicé el plural, ya que todos tenemos nuestro loops.

J: Interesante.

T: Y, de hecho, podemos evaluar la eficacia del loop que acabamos de notar, al que llamaremos...

J: El "loop del pánico".

T: Me gusta. ¿Qué imagen viene a tu cabeza cuando lo nombras?

J: La de una rata muerta de miedo corriendo en una ruedita.

T: Interesante. ¿Sería como "rateando"?

J: Jaja. Me gusta.

T: Bien. Entonces te pregunto: ¿cuán efectivas son las conductas que llevas a cabo cuando estás "rateando", utilizando una escala del 1 al 5 (donde 5 es muy efectivo)?

J: Le pondría un 1.

T: Perfecto Juan. Sólo resta que hagamos un plan de acción para esta semana, que se tratará de notar loops. La idea es que puedas notar en la semana cada vez que te encuentres rateando, e incluso anotar si observas otras maneras de ratear que no hayamos incluido aquí. Incluso, si estás dispuesto, puedes notar si identificas algún otro loop y ponerle un nombre.

J: ¿Y cómo hago para salir de ellos?

T: Para serte sincero, no lo sé aún. Solo puedo decirte que el primer paso es notar cuando estamos metidos en uno. Si hay alguna forma de salir, ese será siempre el primer paso. A propósito, ¿estás sintiendo un poco de ansiedad en relación a esto que estamos hablando?

J: Jeje, es cierto, se ve que estaba a punto de entrar en el loop.

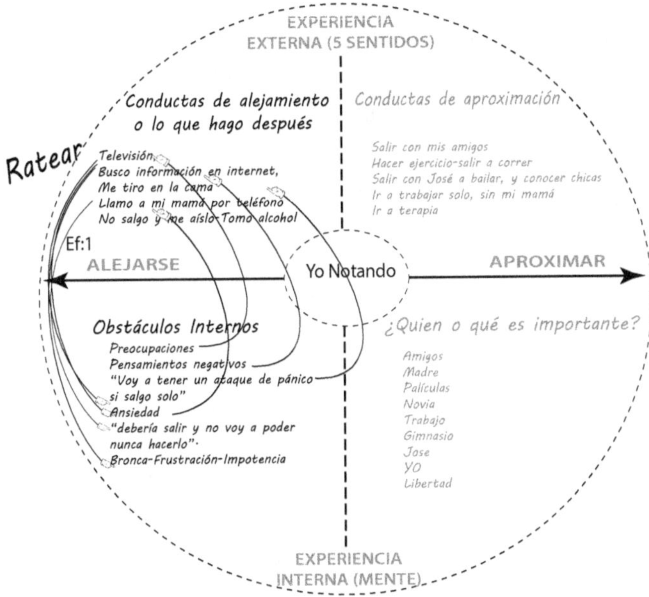


**Figura 26**: Representación gráfica del trabajo realizado con Juan para la identificación de Loops utilizando la Matrix

Tenemos dos cosas importantes para resaltar en el ejemplo. En primer lugar, se puede ver cómo el terapeuta nota que el problema del consultante está ocurriendo al finalizar la sesión y lo utiliza para el trabajo que vienen realizando. Es fundamental estar muy atento a los comportamientos y experiencias que el consultante muestra en sesión (comportamiento clínico) y utilizarlo para trabajar *in vivo*. El aprendizaje experiencial con lo que está aconteciendo "aquí y ahora" es mucho más potente y duradero.

En segundo lugar, el terapeuta invita al consultante a ponerle un nombre muy particular al loop: "ratear". Esta estrategia de *fisicalización* es muy utilizada en ACT y otros enfoques terapéuticos con el propósito de generar un cambio contextual en las experiencias internas, observándolas como ocurriendo a una "distancia espacial" (utilizando claves deícticas). Como puede verse, en el trabajo con la Matrix podemos utilizar estrategias más clásicas de ACT y de hecho lo recomendamos para potenciar aún más tus intervenciones

# Capítulo 9
# Paso 2: Evocando el Yo Continente

Como recordarás, la segunda estrategia para el entrenamiento de la FP involucra generar un contexto verbal donde la persona pueda relacionarse con sus propios eventos privados desde un lugar de perspectiva observacional, como continente de esos eventos. Si la persona tiene dificultades para interactuar con su propio comportamiento enmarcándolo en jerarquía (como parte de), desde una perspectiva deíctica, y llega a identificar sus experiencias con su Yo, se le dificultará interpretar claramente lo que está ocurriendo en una situación y lo que está influyendo en su comportamiento.

Responder desde la perspectiva del Yo como continente nos permite percibir nuestros eventos privados *con* perspectiva, en lugar de ver al mundo *desde* la perspectiva de esos eventos privados (Foody et al., 2014). Mediante esta capacidad especial de autoobservación la persona se posiciona como observador y continente de su experiencia lo que permite debilitar las funciones discriminativas de esos eventos, aumentando las probabilidades de que otros eventos controlen la conducta.

Tal y como ya lo señalamos, la Matrix es en sí misma una metáfora útil para evocar la perspectiva del Yo continente. Sin embargo, en muchas situaciones clínicas necesitamos de otras intervenciones que permitan potenciar esta tarea, por lo cual en este capítulo te presentaremos algunos ejercicios que pueden servirte para profundizar este paso.

En el capítulo 5, dijimos que el proceso de evocar el Yo como continente involucraba cuatro tareas fundamentales: observar y rastrear la experiencia, notar la experiencia como observador, notar la experiencia del observador y desarrollo de la perspectiva del Yo como continente. Por ello, para poder comprender mejor los ejercicios que te presentaremos a continuación te invitamos a observar la figura 27 y repasar el capítulo señalado.

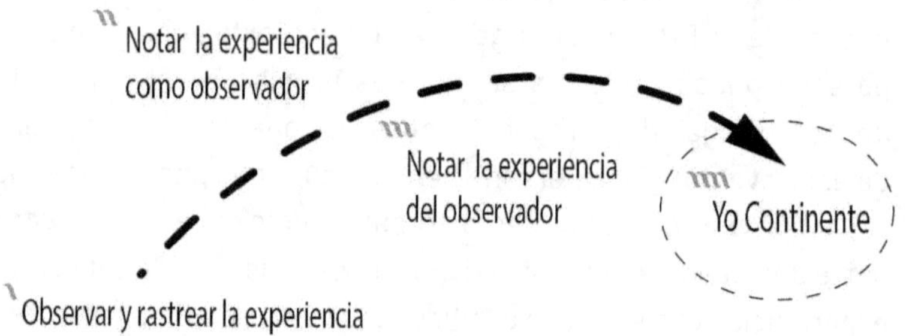


**Figura 27**: Representación de las tareas terapéuticas para el desarrollo del *self*.

Una advertencia de importancia en relación a esta figura es que la misma intenta representar didácticamente las diferentes tareas que realizamos en este paso, y una secuencia lógica a seguir. Sin embargo, en la clínica, esta secuencia se parece mucho más a un proceso iterativo con avances y retrocesos, y no a un proceso lineal.

## 9.1. Entrenando un sentido del Yo: Observar y rastrear la experiencia

La capacidad de identificar las múltiples fuentes de control de la conducta constituye un aspecto fundamental de lo que llamamos FP, ya que la capacidad de discriminar la propia conducta facilita la acción efectiva en términos de cursos de acción valorada. Por ejemplo, si puedo notar que estoy muy enojado, puedo escoger un curso de acción en línea o no con aquello que es más importante para mí. Por el contrario, si me defino como una persona "impulsiva", la precisión en el *tacto* de eventos privados disminuye, así como la utilidad de estas experiencias para discriminar cursos de acción efectiva. A continuación, te mostramos cómo esta tarea puede verse facilitada con la Matrix y te damos algunas ideas para potenciar este proceso. La invitación es a que practiques con tu propia experiencia primero, y luego con tus consultantes

### 9.1.1. Clasificando historias

Imaginemos que la historia de tu vida está escrita en tarjetas de 15x15cms. Ahora detengámonos justo ahí. Toda la historia de tu vida es demasiado grande para tarjetas de 15x15cms. Habría miles y miles de ellas, por lo cual vamos a ordenar algunos fragmentos cortos. Por ejemplo, podemos trabajar con aquella situación donde viste ese animal peligroso durante un paseo (una serpiente, por ejemplo), sentiste mucho miedo y saliste corriendo. La idea será que podamos clasificar juntos esta historia en los cuadrantes de la Matrix.

Así, tendrás una tarjeta que diga "vi una serpiente", lo que clasificaríamos como una experiencia "sensorial". Después dices "y me escapé corriendo", lo que podría clasificarse como un movimiento de evitación o alejamiento, e iría en el cuadrante correspondiente. A su vez, el miedo experimentado iría en el cuadrante *Obstáculos Internos* (del lado de la mente y de las conductas de alejamiento). Por supuesto que salir corriendo podría ser una conducta de aproximación hacia la salud o el autocuidado, por lo que incluso podrías notar qué porcentaje de "salir corriendo" fue del lado izquierdo y qué porcentaje del lado derecho.

De la misma forma, puedes utilizar la Matrix con tus propias historias, aumentando tu habilidad para notar la manera en la que tu conducta se ve influida por diferentes eventos del contexto y, con el tiempo, responder a aquello que sea más relevante (sensibilidad flexible al contexto, de acuerdo a Villatte et al, 2015). En esencia, esta es desde nuestro punto de vista una de las virtudes de la Matrix, ya que permite realizar en esta tarea de una manera simple e interactiva.

### 9.1.2. Preguntas "potenciadoras"

En algunas ocasiones, el primer autor de este libro suele hacer una distinción didáctica entre "la Matrix" y "usar la Matrix". Esta distinción hace énfasis en la idea de que el modelo es una metáfora útil pero su utilidad depende en gran medida de la manera en la cual la usamos. De este modo, si bien puede utilizarse de una forma casi secuencial, simplemente repitiendo las preguntas básicas para cada cuadrante, la maestría en el uso del modelo se logra a partir de la utilización de claves verbales que puedan evocar con mayor probabilidad el proceso que tenemos como objetivo. En este sentido, hay múltiples preguntas que pueden potenciar nuestro trabajo en esta tarea. Hemos encontrado de mucha utilidad combinar la propuesta de Lazarus (1983) y sus siete modalidades de conducta, como una guía para elaborar nuevas preguntas que permitan profundizar el *tracking* del consultante, aumentando su sensibilidad a lo que está controlando su comportamiento.

Lazarus propone que somos organismos completos y que nuestra conducta involucra diferentes aspectos: biológicos, afectivos, sensaciones, imágenes, cogniciones, conductas públicas e interacciones sociales. Considerando esto, en la interacción con el consultante podemos generar preguntas que apunten a cada una de estas modalidades con el propósito de ampliar el proceso de rastreo, guiando al cliente hacia diferentes aspectos de su experiencia. Una estrategia específica para ello ha sido denominada por Lazarus (1983) como "puenteo", el cual consiste en movernos a diferentes aspectos de la experiencia haciendo un puente entre estos modos o facetas de la conducta. De esta manera, si el paciente reporta alguna experiencia emocional, podemos hacer una conexión hacia otro aspecto que probablemente no está notando, como un pensamiento. A continuación te proponemos algunos ejemplos:

| **Puente pensamiento-imagen** |
| --- |
| • Cuando dices eso, ¿aparece alguna imagen en tu mente?<br>• Si tu pensamiento tuviese nombre de emoción, ¿cuál sería?<br>• Si ese pensamiento fuese un ser humano, ¿cómo sería?, ¿puedes ver qué emoción hay en su mirada? |
| **Puente pensamiento-cuerpo** |
| • ¿En qué parte de tu cuerpo se ubica ese pensamiento?<br>• Si ese pensamiento tuviese forma, ¿qué forma tiene?, ¿en qué parte de tu cuerpo ubicas esa forma?<br>• Imagina que ese pensamiento es una sustancia que emerge de tu cuerpo, ¿de qué parte de tu cuerpo emerge? |
| **Puente emoción-cuerpo** |
| • ¿En qué parte de tu cuerpo ubicas esa emoción?<br>• Si esa emoción tuviese forma, ¿qué forma tiene?, ¿en qué parte de tu cuerpo ubicas esa forma?<br>• Imagina que esa emoción es una sustancia que emerge de tu cuerpo, ¿de qué parte de tu cuerpo emerge?<br>• Si no tuvieses corazón, ¿de dónde surgiría esta emoción? |

| **Puente emoción-pensamiento** |
| --- |
| <ul><li>Si la emoción hablara, ¿qué te está diciendo?</li><li>Si la emoción hablara, ¿qué te está pidiendo?</li><li>Imagina que esa emoción es una persona y te escribe una carta, ¿qué dice la carta?</li></ul> |
| **Puente cuerpo-imagen** |
| <ul><li>¿Puedes orientar amablemente tu atención a esa parte del cuerpo? ¿Qué ves?</li><li>Si esa sensación fuese un tatuaje en tu cuerpo, ¿cómo es?</li><li>Imagina que le sacas una fotografía a esa sensación, ¿qué imagen ves?</li></ul> |
| **Puente emoción-recuerdo** |
| <ul><li>Imagina que la emoción es un vehículo hacia el pasado y que te subes a ella. Déjate llevar hacia algún recuerdo en donde hayas notado por primera vez esa emoción con claridad. ¿Qué ves?</li><li>¿Cuán vieja es esa emoción? ¿Puedes comentarme qué imagen del pasado aparece cuando te pregunto esto?</li></ul> |

Si integramos lo trabajado hasta aquí, nuestras posibilidades y la potencia de nuestras intervenciones se hacen mucho mayores. A continuación, podemos verlo en un ejemplo de interacción terapéutica:

T: Juan, ¿en qué parte de tu cuerpo ubicarías el punto donde esa ansiedad es más intensa?

J: Aquí en el pecho.

T: Ok. ¿Podrías colocar tu mano y mantenerla en el pecho? ¿Qué aparece en tu mente?

J: Que nunca voy a poder con esto.

T: Eso es un pensamiento muy difícil Juan. ¿Donde ubicarías ese pensamiento en una Matrix?

J: Es un obstáculo interno, se siente muy mal.

T: ¿Puedes notar si hay un momento del día en el que ese

pensamiento aparece con más frecuencia?

J: Sí, generalmente por la tarde, cuando es más probable que tenga que salir a hacer algo.

T: ¿Ayer te pasó?

J: Sí, justamente en eso estaba pensando.

T: ¿Apareció esa imagen ahora mismo?

J. Sí. Me vi a mí mismo.

T: Ok. ¿Qué estás haciendo en la imagen?

J: Estoy sentado en el sofá, pensando en qué haría si tuviese que salir.

T: Ok. ¿Puedes ver la mirada del Juan de ayer sentado en el sofá pensando eso? ¿Qué emoción ves en ella?

J: No sé, creo que miedo.

T: Si el miedo hablara, ¿qué te está pidiendo?

J: Que no salga para no tener un ataque de pánico

T: Visto así, el quedarte en el sofá pensando sería una acción de...

J: Alejamiento, lo sé.


Si estás notando nuevamente que esto se superpone con el Paso 1, bien notado. Efectivamente, dado que una estrategia terapéutica supone la integración flexible y dinámica de técnicas e intervenciones en forma organizada en torno a un objetivo, en ocasiones una misma intervención puede ser parte de diferentes estrategias. Esto es lo que muchas veces explica la sensación de que los terapeutas experimentados "danzan con la Matrix".

## 9.2. Entrenando un sentido del Yo: Notar la experiencia como observador

Retomando lo dicho hasta aquí, nuestro segundo paso implica ayudar a nuestros consultantes a desarrollar una forma especial de interacción con la propia conducta, lo cual supone adquirir una perspectiva observacional con relación a sus reacciones y eventos privados que permitirá debilitar la función discriminativa de los mismos. Cuando podemos observar los eventos privados como lo que son, podemos disminuir el control verbal de los mismos sobre nuestra conducta, pudiendo percibirlos desde una distancia o perspectiva separada (de allí el término *defusión*), en lugar de ver al mundo desde la perspectiva de esos eventos privados (Foody et al., 2014).

Para esto, te presentamos una forma útil de trabajo clínico que solemos utilizar. Obviamente, esto no agota las múltiples alternativas que seguramente encontrarás en otros libros y publicaciones.

### 9.2.1. Notando anzuelos

Imagina alguna de las siguientes situaciones, que seguramente alguna vez te han ocurrido y nota todo lo que aparece cuando te las imaginas:

- Alguien se te adelanta con su auto en medio del tráfico.
- Alguien ocupa el lugar en el que ibas a estacionar.
- El teléfono suena justo cuando te estabas sentando a cenar.
- Alguien te critica.
- Alguien te insulta.
- Ves una persona muy atractiva
- Alguien te dice "te quiero".
- Alguien te dice "te odio".

Como quizá notaste, en todas estas situaciones es muy probable que hayas experimentado una respuesta emocional bastante fuerte. Por ejemplo, si eres el próximo en la fila del supermercado y alguien camina delante tuyo y apoya sus cosas sobre la cinta transportadora de la caja mientras te dice: "estoy retrasado con una cita, tú puedes esperar", ese evento podría generar una respuesta emocional intensa. Si te pasó, podríamos decir que te "enganchaste". Así, cuando quedamos enganchados en el incidente, vas a casa y alguien te pregunta "¿cómo fue tu día?", ¿qué historia sobre tu día crees que le vas a contar primero? Si lo primero que cuentas es el evento de "alguien se me adelantó en la fila" y, cuando lo recuerdas, te genera una respuesta emocional similar a la del evento, podríamos pensar que muy probablemente te enganchaste.

En este tipo de situación, respondemos en forma automática a nuestros eventos privados, como si nos dijeran la verdad sobre la situación. Así, si alguien se me adelanta en la fila, respondo desde el enojo; si estoy en el medio de un examen en la universidad, respondo desde la ansiedad; y, si estoy dando clases, puedo responder tomando el pensamiento "no sé" como algo literal. Una característica común en estas situaciones es nuestra dificultad para notar la diferencia entre el mundo de los cinco sentidos y la experiencia interna. Cuando no hacemos esa discriminación, tendemos naturalmente a interactuar con pensamientos, emociones y otras experiencias internas como si estuvieran entre las cosas del mundo de los cinco sentidos.

Pema Chodron, una monja budista y escritora, es una de las personas que utilizó el término "anzuelo" para describir situaciones donde fácilmente perdemos esta perspectiva. Nosotros no somos budistas, pero creemos que es un término que puede resultar útil, sobre todo cuando no queremos hablar con términos muy complicados. Desde luego quedar enganchado no es en sí mismo algo malo (¿quién podría decir que enamorarse es algo malo?), pero consideramos que es muy útil entrenar la capacidad de notar anzuelos, ya que muchas veces el morderlos puede alejarnos del curso de acción por el cual hubiésemos optado si no hubiésemos mordido el anzuelo. Afortunadamente, la vida te da numerosas oportunidades para esta práctica.

Cuando notamos anzuelos podemos observar nuestros pensamientos, emociones y otros tipos de experiencias, en lugar de quedar atrapados en ellas. Para ello primero tenemos que parar y notar que mordimos un anzuelo, ya que esto permite tomar distancia del contenido de nuestra experiencia interna y percibirla como lo que es. Luego, notar lo que pasa después de que mordimos el anzuelo. Así, el análisis funcional también es muy importante en este paso ya que no solamente notaremos la experiencia de "quedar enganchados", sino también "lo que pasa después". Entonces, vamos a practicar.

### 9.2.1.1. Hazlo tú mismo

Si bien para la mayoría de la gente la lista de situaciones donde muerde anzuelos puede ser un poco larga, por ahora solo haz una lista de 3 situaciones específicas donde es probable que muerdas un anzuelo:

-----------------------------------------------

-----------------------------------------------

-----------------------------------------------

### 9.2.1.2. Notando tu experiencia interna durante el anzuelo

Ahora vamos a notar qué tipo de experiencia interna (pensamientos, emociones, imágenes e incluso sensaciones físicas) surge mientras dura el anzuelo. Por ejemplo, cuando alguien se interpone en el tráfico tal vez aparece la ira. Ahora llena el siguiente cuadro con algunos ejemplos de tu vida:

| Situación | Experiencia interna |
| --- | --- |
| Se interponen en el tráfico | ira |
|  |  |
|  |  |
|  |  |

### 9.2.1.3. Notando tu experiencia de los 5 sentidos durante el anzuelo

Dado que siempre estamos experimentando con los cinco sentidos, es fácil aprovechar para notar las experiencias de los cinco sentidos mientras notamos nuestra experiencia mental al morder un anzuelo. Algunos anzuelos se sienten grandes y otros pequeños, y el tamaño del anzuelo depende totalmente de la persona y del contexto en el que él o ella está en el momento. A algunas personas puede no afectarles en lo absoluto que alguien se les adelante en la fila, mientras que a otras esto los enfurecería. De la misma forma, una persona podría realmente ignorar una situación como esta por la mañana y por la tarde enfurecerse, si tuvo un día estresante en el trabajo. Así, el tamaño del anzuelo depende de lo que esté pasando dentro tuyo y lo que está ocurriendo alrededor tuyo en el momento. En otras palabras, tu experiencia de los cinco sentidos del mundo, sumado a tu experiencia mental del momento determina el tamaño del anzuelo.

En términos de EFP, el tamaño de los anzuelos no importa mucho. Importa en todo caso el número de veces que notas los anzuelos, ya que cada vez que notas un anzuelo puedes practicar el tomar distancia y percibir el cuadro completo de tu vida. Dicho esto, escoge algunas situaciones en las que mordiste anzuelos e incluye en el cuadro qué notaste con tus cinco sentidos:

| Situación | Experiencia de los 5 sentidos |
|---|---|
| Ej: Se interponen en el tráfico | Veo la cara de la gente enojada, hay sol, escucho una canción en la radio |
| | |
| | |
| | |
| | |

### 9.2.1.4. Notando qué haces después

Luego de notar los anzuelos, algo muy interesante y útil es notar qué hacemos después. Recuerda que hay una lista muy larga de cosas que podemos hacer, como caminar, hablar, comer, etc., y estas actividades pueden llevarse a cabo para aproximarnos a algo importante o para alejarnos de una experiencia interna o una combinación. Volviendo al ejemplo del tráfico, podríamos *notar* qué hacemos después y si eso fue un movimiento de Aproximación (A), Evitación (E) o una combinación (C).

| Situación | Lo que hago después |
|---|---|
| Se interponen en el tráfico | Enojarme y gritar (E) |
| Recibes un halago | Me siento feliz y agradezco (A) |

En el ejemplo del tráfico, lo que la persona hace después es enojarse y gritar. En primer lugar es importante recordar que no estamos diciendo que eso está mal (de hecho, es totalmente comprensible que nos enojemos en situaciones como esta), ya que desde el CF vamos a evaluar el comportamiento con base en su utilidad. Así, si el objetivo es dejarme llevar por mi enojo y descargarme un poco, diríamos que el comportamiento de gritar está siendo útil (al menos es lo que experimentamos a corto plazo). Sin embargo, si nuestro objetivo es tener una vida calma y poder expresar el enojo manteniendo la armonía en nuestras relaciones, quizá no sea una forma útil.

Estamos de acuerdo con que en situaciones donde mordemos anzuelos es mucho más difícil discriminar la utilidad de nuestros comportamientos y por eso consideramos que esta práctica es fundamental. Ahora es tu turno, recuerda que la precisión no es de vital importancia, solo haz lo que puedas. Para ir integrando lo que venimos haciendo a esta práctica, también puedes notar (y anotar) la experiencia sensorial y mental. Recuerda anotar en "lo que hago después" si se trata de un movimiento de aproximación (A), evitación (E) o una combinación (C).

| Situación | Actividad Interna | Experiencia de los 5 sentidos | Lo que hago después |
|---|---|---|---|
| Ej: Se interponen en el tráfico. | Enojo. Pienso "esta gente es muy tonta". | Veo la cara de la gente enojada, hay sol, escucho una canción en la radio. | Gritar (E) |
|  |  |  |  |
|  |  |  |  |

Nota, mientras haces lo de arriba, que estás clasificando tus conductas en categorías y que eso también puedes hacerlo en tiempo real.

### 9.2.1.5. Integrando los pasos: Pausar y elegir

El paso final en esta etapa de tu EFP es notar que siempre tienes la posibilidad de elegir el curso que darás a tu comportamiento en cada momento. Para esto, a lo que venimos trabajando le agregaremos dos pasos más: una pausa y una elección. Así, los pasos a seguir serán:

**1**: Nota el anzuelo.

**2:** Pausa solo por un momento (habitualmente menos de un segundo).

**3:** Nota tu experiencia interna durante el anzuelo.

**4:** Nota tu experiencia de los 5 sentidos durante el anzuelo.

**5**: Nota el impulso a hacer lo que habitualmente haces después de morder un anzuelo.

**6**: Elige tu próximo comportamiento, que puede ser un movimiento de aproximación o un movimiento de evitación, o una combinación de ambos.

Nota que en el proceso, estás aprendiendo a elegir el curso que darás a tu comportamiento en el momento presente. Asumimos que es el camino para vivir una vida valiosa.


### 9.3. Entrenando un sentido del Yo: Notar la experiencia del observador

Una parte esencial de nuestro trabajo involucra evocar un contexto que invite al consultante a observar el contraste entre el fluir cambiante de la experiencia y la perspectiva constante y estable desde la que podemos observar este contenido en permanente cambio (Batten, 2011), que es una parte de nuestro Yo, pero no lo define.

Por esto, vamos a trabajar para ampliar el sentido del Yo a través de claves que permitan que emerja una perspectiva de observación de la propia experiencia, perspectiva que servirá para distanciarnos del contenido, transformando sus funciones, permitiendo de esa manera alcanzar una mayor sensibilidad a los aspectos relevantes del contexto.

Los cambios de perspectiva del Yo son esenciales en esta tarea, para lo cual podremos hacer uso de claves específicas que evoquen cambios en la perspectiva *deíctica* (*"Yo-Tú"*, *"Ahora-Entonces"* y *"Aquí-Allá"*) desde los tres enmarques centrales que definen esta perspectiva. A continuación te presentamos tres ejercicios, que pueden ser útiles para evocar patrones particulares de toma de perspectiva, incluyendo la dimensión personal, espacial y temporal. Los hemos redactado de forma tal que puedas utilizarlos contigo mismo, pero la idea es que también puedas utilizarlos con tus consultantes.

### 9.3.1. Viajando al pasado

En este ejercicio vamos a trabajar con alguna situación del pasado en la cual te hayas sentido atascado, o que sientas que te genera malestar. La idea es que puedas hacer este ejercicio desde un lugar de curiosidad por el proceso, notando cualquier detalle o experiencia que aparezca.

Tómate unos segundos para respirar y dirigir tu atención a tu respiración. Deja que las experiencias fluyan en forma libre, sin intentar hacer nada con ellas. Toma unas diez respiraciones y permítete permanecer notando. Intenta identificar una situación difícil que hayas experimentado en el pasado. Permítete viajar a esa situación y obsérvala con detenimiento, con curiosidad, atendiendo a todos los detalles que aparecen.

Mientras observas, permítete notar lo que acontece en ese momento contigo, qué experimentas dentro de la piel. Atiende a las emociones, pensamientos y sensaciones físicas que aparecen, sin intentar modificar nada. Ahora responde a estas preguntas (si quieres puedes hacerlo utilizando una Matrix):

- ¿Qué ves? ¿Qué experimentas con tus cinco sentidos? ¿Dónde estás? ¿Con quién estás?
- ¿Quién o qué es importante para ti en esa situación?
- ¿Cuáles son los obstáculos internos que aparecen?
- ¿Qué haces para alejarte de esos obstáculos internos? ¿Puedes notar algún anzuelo?
- ¿Cómo funciona este comportamiento a corto plazo? ¿y a largo plazo?
- ¿Puedes ver si dentro de ese obstáculo interno hay algo importante?
- ¿Qué puedes hacer para avanzar hacia quién o qué es importante en esa situación?
- ¿Quién está observando todo eso?

Permanece notando durante algunos minutos mientras exploras la experiencia respondiendo a estas preguntas. Haz algunas respiraciones más y escribe un breve resumen de lo que notaste en un papel.

### 9.3.2. Caminando otros caminos

Para este ejercicio, comenzaremos anotando en un papel el nombre de una persona importante para ti. Puede ser un amigo, tu pareja, un familiar, etc. Deja que tu corazón escoja, no hace falta pensar mucho ni encontrar razones.

De la misma forma que en el ejercicio anterior, comienza tomándote unos segundos para dirigir tu atención a la respiración. Ahora imagina que mañana te despiertas siendo la persona que elegiste y que puedes ver a través de sus ojos. Siente los movimientos de tu nuevo cuerpo, detente frente a un espejo y mírate siendo esa persona, respira su aire, camina sus pasos.

Ahora imagina que, siendo esta persona, te encuentras en un momento difícil, que te angustia y te hace sentir atrapado, y responde a estas preguntas (si quieres puedes hacerlo utilizando una Matrix):

- ¿Qué ves? ¿Qué experimentas con tus cinco sentidos? ¿Dónde estás? ¿Con quién estás?
- ¿Quién o qué es importante para ti?
- ¿Cuáles son los obstáculos internos que aparecen?
- ¿Qué haces para alejarte de esos obstáculos internos? ¿Puedes notar algún anzuelo?
- ¿Qué necesitas de las otras personas en ese momento?
- Haz algunas respiraciones más y escribe un breve resumen de la experiencia en un papel.

### 9.3.3. La historia del vestido

Lee detenidamente la siguiente historia y responde luego a las preguntas.

En un pueblo muy lejano vivía un joven hijo de sastres. Sus padres, los sastres más hábiles del pueblo, eran reconocidos por su gran talento para diseñar vestidos. Por esto mismo, el joven creció vestido siempre con las mejores telas, los mejores diseños y los más atractivos colores. El joven era reconocido en todo el pueblo y las personas disfrutaban de verdad verlo pasearse en sus hermosos ropajes. A algunas personas no les gustaba lo que el joven se ponía un día, ante lo cual el joven siempre podía cambiarse su vestido por otro más acorde a la situación y a los ojos de quien miraba.

Así transcurría la vida del joven, entre vestido y vestido, hasta que un día lo inevitable sucedió: sus padres murieron. Desde ese día, el joven tuvo que dedicarse a continuar la tarea de sus padres, arreglando sus ropajes y dedicando mucho tiempo y esfuerzo para mantener sus vestidos. Los días pasaban junto a su vida.

Un día en el que el joven se sentía especialmente triste y angustiado con su vida, decidió conversar con el sabio del pueblo. Golpeó a su puerta y entró a su casa. Ya adentro, encontró al sabio sentado en un viejo sillón, con una media sonrisa y una mirada calma y profunda. Antes que el joven dijese nada, el sabio habló:

*- Pobre muchacho, te ves tan bello y elegante con ese ropaje, que no tengo duda de que debes ser el centro de atención de todo el pueblo. Solo me pregunto: ¿alguien te ha preguntado cuán cómodo te sientes con esa ropa? ¿Te lo has preguntado tú?*

El joven lloró.

Tómate algunos segundos para respirar y *notar* qué emociones, sensaciones, etc., aparecen luego de leer esta breve historia. Al igual que el joven, los seres humanos nos vestimos con los ropajes que otras personas han tejido para nosotros, y los sentimos propios. Raramente paramos a notar cuan cómodos nos sentimos con ellos, o cual es el costo de seguir vistiéndolos. Por esto, vamos a parar a notar respondiendo estas preguntas:

– ¿Cuántos vestidos te has puesto hasta el día de hoy, llegando a confundirte con ellos?
– ¿Cuántos "Yo soy" has comprado, vestidos diseñados por los más amados sastres?
– ¿Cuán cómodo/a te sientes en ellos?
– ¿Cuántas personas están felices con tus vestidos y cuántas realmente están dispuestas a verte sin ellos?
– ¿Quién es  la persona que se esconde debajo de todo ese ropaje?

A continuación, escoge alguno de los vestidos que has identificado ("Soy inteligente", por ejemplo) e imagina que la historia de tu vida utilizando ese ropaje está escrita en tarjetas de

15x15cms. La idea es que podamos clasificar juntos esta historia en los cuadrantes de la Matrix. Imagina una situación donde tuviste que usar ese vestido y donde realmente te sentiste atascado. Identifica la situación como si estuvieses en ese momento.

Escribe en una tarjeta mental todo lo que identifiques como experiencia "sensorial", ya que la captaste con tus sentidos. Ahora identifica los obstáculos internos que aparecen al usar el vestido, todas aquellas experiencias que no te gusta experimentar o que se plantean como un obstáculo para la vida que quieres vivir. Ahora identifica qué es lo que haces cuando estas experiencias aparecen. Clasifica cada aspecto en el cuadrante correspondiente. Finalmente, pregúntate cuál es el costo de todo esto, en términos de aquello que es más importante para tu vida hoy o, simplemente, cuánto esto te aleja de ti mismo, de tu mejor versión. Cuál es el costo de seguir usando ese vestido.

Identifica ahora qué harías distinto si pudieses sacártelo y escribe eso en el cuadrante superior derecho. Luego, pregúntate a qué cualidades de acción o qué cosas importantes te acercarías haciendo todo esto. Finalmente, pregúntate, ¿quién pudo notar todo esto?

## 9.4. Entrenando un sentido del Yo: Notar la experiencia del Yo continente

Nuestra última tarea involucra generar un contexto verbal donde el consultante aprenda a responder a su propio comportamiento de acuerdo con claves de jerarquía del tipo "contiene", "es una parte de" o "pertenece a". Es aquí donde el *Yo observador* se transforma en *Yo continente* de las experiencias, autorreglas e historias, lo cual permitirá que nuestro comportamiento sea más fácilmente controlado por aquello que es importante para nosotros. Las relaciones de *coordinación* entre nuestro Yo con los eventos privados, sin el adecuado desarrollo de un *Yo continente*, conlleva un control de los eventos privados sobre la conducta y una respuesta automática a autorreglas inefectivas.

La capacidad de situar a nuestro Yo como continente de nuestras experiencias y comportamientos en lugar de equivalente a ellas, por otra parte, permite una mayor influencia de otras variables del contexto, dándonos la posibilidad de ampliar el repertorio de respuestas potenciales en cada situación, atendiendo a las consecuencias directas y a aspectos valorados por la persona (funciones apetitivas derivadas). Coincidiendo con Ruiz et al. (2016), esta perspectiva debilita las funciones discriminativas derivadas de los eventos privados, disminuyendo su impacto.

Por eso, nuestra tarea final involucra evocar un contexto verbal donde el consultante aprenda a responder a su propio comportamiento de acuerdo a claves de jerarquía en relación al Yo deíctico, lo cual le permitirá regular su comportamiento a partir de un propósito que trascienda las necesidades o emociones inmediatas. Como ya lo señalamos, esta perspectiva es evocada y fortalecida utilizando la Matrix, desde el primer contacto del consultante con ella (figura 27).

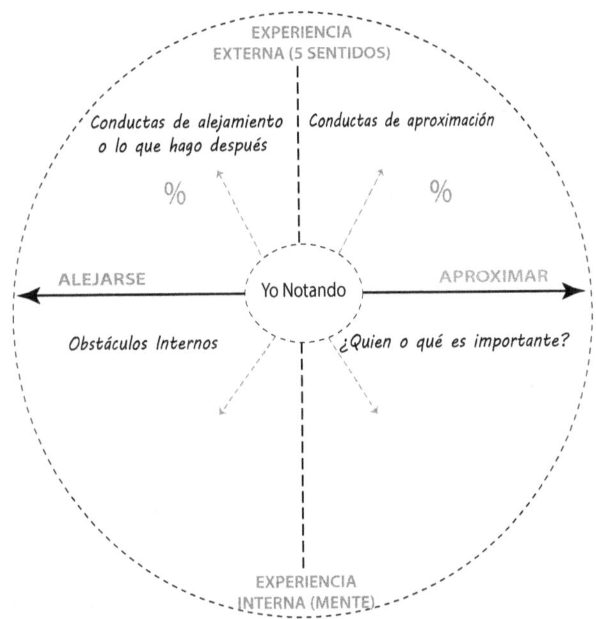


**Figura 28:** Representación gráfica de la Matrix como herramienta clínica para evocar el Yo como continente.

Responder a la propia conducta como si estuviese aconteciendo *Allá-Entonces* (en un papel o pizarra), puede permitirnos percibir que somos mucho más que ella y, por lo tanto, debilitar las funciones discriminativas de la experiencia. Esto limita el control de la experiencia interna sobre el comportamiento observable y promueve relaciones de jerarquía en las que el Yo es un contexto que contiene *Aquí-Ahora* el contenido de las experiencias aconteciendo *Allí-Entonces* (Foody et al., 2014).

Sin embargo, y aún cuando todo el trabajo realizado hasta aquí puede haber dado lugar a la emergencia de esta nueva perspectiva en torno al propio comportamiento, también podemos incluir algunas otras metáforas y ejercicios, tales como la metáfora del "Tablero de Ajedrez" (Hayes et al., 1999), "La casa de huéspedes" (Batten, 2011), etc. A continuación, te presentamos un ejercicio que utilizamos para ejemplificar esta tarea. En este caso, te lo presentamos como una guía para que lo puedas utilizar directamente con tu consultante.

### 9.4.1. El continente y el contenido

Para este ejercicio necesitarás hojas pequeñas o pañuelos desechables y una caja o recipiente. La caja se pondrá en el suelo, en un lugar donde el consultante y el terapeuta puedan observar con claridad el contenido del recipiente. Si es posible, se puede añadir al recipiente un rótulo con el nombre del consultante.

Comenzamos este ejercicio preguntando al consultante acerca de su experiencia, pidiéndole que identifique pensamientos, emociones o recuerdos difíciles que aparecen como obstáculos internos (también podemos utilizar aquí las preguntas potenciadoras presentadas en la sección *9.1.2.*). Una vez que el consultante identifica alguna experiencia, toma un papel o pañuelo para representar esa experiencia. Tal como recomienda Batten (2011) puedes incluso toser o escupir en el papel para aumentar las funciones aversivas de la experiencia. Luego de esto, arroja el papel o pañuelo al recipiente.

Solicita a tu consultante que observe como esa experiencia es arrojada y que identifique que pensamiento, emoción, impulso de acción o experiencia aparece al ver esto y procede de la misma manera. Puedes aprovechar para realizar algunas de las preguntas ya trabajadas a lo largo de este libro, con relación al resto de los cuadrantes de la Matrix, esta vez enfatizando en la experiencia del Yo como continente, como se ejemplifica a continuación:

— El continente no es modificado por el contenido, nuestro trabajo es simplemente hacer espacio para cualquier experiencia y seguir moviéndonos hacia lo que es realmente importante en nuestra vida.

- ¿Puedes notar que eres mucho más que el contenido?
- ¿Podrías simplemente notar las experiencias, notando al mismo tiempo que eres mucho más que ellas y que las contienes?

### Ejemplo Clínico

T: Juan, en la sesión de hoy vamos a dedicar un tiempo a explorar un poco mejor tus experiencias. Como recordarás, la base de la FP involucra que puedas notarlas como acontecen, en el momento que acontecen. Hasta el momento, ya has aprendido a identificar tus *loops* y hoy hablaremos un poco sobre lo que denominamos "anzuelos". Los anzuelos son experiencias (de los cinco sentidos o mentales) que literalmente "nos enganchan". Aunque a veces no sean atractivos ni se sientan bien, los mordemos. Quizá porque son "alimento conocido". Por ejemplo, imagina que estás charlando con tu madre y ella te comenta que van a salir de compras.

J: De solo escucharte decirlo ya me genera ansiedad.

T: ¡Exacto! ¿Puedes experimentar esa ansiedad algunos segundos? Te pido esto, ya que una vez que mordemos un anzuelo podemos darnos cuenta de ello por cómo nos sentimos y por lo que hacemos después. También podemos notar qué otro tipo de actividad mental, como pensamientos y emociones, surge mientras dura el anzuelo. Y luego podrías notar si lo que haces es un movimiento de aproximación o uno de evitación, o una combinación de los dos.

J: Generalmente me pongo ansioso y no puedo dejar de pensar en eso. Y eso me aleja de un montón de cosas, ya que empiezo a preguntarme qué me pasa y eso me enoja y me lleva al lado izquierdo.

T: Perfecto, entonces notaste eso. Si te pasó, podríamos decir que te "enganchaste". E incluso luego, cuando el evento ya pasó y te sientas un momento a descansar, ¿qué es lo primero que viene a tu mente? Si lo que viene es el recuerdo del evento o tu ansiedad, podríamos pensar que sigues enganchado.

J: ¡Entonces es así! Me engancho siempre con esas cosas.

T: Una cosa más. Tengo que decirte que en nuestro trabajo el tamaño de los anzuelos no importa del todo. En realidad, importa el número de veces en que notas anzuelos, ya que eso es lo que hará la diferencia en tu vida. Cada vez que notas un anzuelo es una oportunidad de práctica en tomar distancia de tu mente y esa es la postura desde la que puedes ser mucho más flexible psicológicamente. Desde ese lugar, puedes notar que tienes la posibilidad de elegir tu comportamiento en cada momento. Entonces, ¿cuál consideras que será tu tarea para la casa?

C: ¡Notar anzuelos!

A partir de aquí, el terapeuta puede utilizar el mismo ejercicio que hemos realizado juntos o alguna ficha de trabajo específica, como la que se presenta en Polk, et al. (2016). Es importante señalar que el trabajo con anzuelos no es otra cosa que una metáfora y que una metáfora es útil en la medida que nos permita influir en el proceso que estamos intentando trabajar. Por ello, si el consultante no "resuena" con la metáfora, es mejor utilizar alguna otra que le resulte más significativa.

A continuación, te presentamos una breve viñeta de una sesión con Juan, donde trabajamos el ejercicio *"El continente y el contenido"*.

J: Estuve todo el día pensando en mis ataques de pánico y notando cómo mi ansiedad subía. Es imposible, siento mucha frustración.

T: Suenan a experiencias muy dolorosas Juan.

J: Lo son. Soy un caso perdido.

T: Te propongo algo Juan. ¿Estarías dispuesto a hacer un pequeño ejercicio conmigo ahora?

J: Ok.

T: Para este ejercicio vamos a usar estos pañuelos de papel y este basurero. ¿Ok?

Cada uno de estos pañuelos representa tu experiencia. Aquí, por ejemplo, tenemos los pensamientos sobre tus ataques de pánico ¿Qué es lo que te decía tu mente al respecto?

J: Que iba a tener un ataque de pánico apenas saliera de casa.

T: Ok. Entonces aquí va ese pensamiento "vas a tener un ataque de pánico apenas salgas de casa" (el terapeuta toma un pañuelo, se suena la nariz, lo escupe y se lo muestra a Juan).

J: ¡Qué asco! [Risas]

T: ¿Una experiencia desagradable, no? [El terapeuta arroja el pañuelo al basurero]

J: Totalmente.

T: Ahora, aquí viene la ansiedad, que sube y sube. [El terapeuta comienza a acumular papeles representando el aumento de la ansiedad]. Mira qué grande se hizo. [Nuevamente, se suena la nariz, escupe y se lo muestra a Juan]

J: ¡Qué asco de nuevo! [Risas]

T: ¿Alguna otra experiencia?

J: ¡Sí! La frustración.

T: ¿Quieres hacerlo tú?

J: ¡Ja, ja, ja! Ok. [Juan toma un papel y repite el procedimiento, arrojando luego el papel al basurero]

T: Ok. Ahora observemos esas experiencias que hemos arrojado al basurero y te invito a identificar si aparece algún otro pensamiento, emoción, o impulso de acción.

J: Sí, bronca y la sensación de que esto no va a pasar nunca.

T: Ok. ¡Excelente! [El terapeuta procede de la misma manera]. Ahora te voy a preguntar algo. Si todos estos pañuelos son tus experiencias desagradables, ¿quién es el basurero?

J: Mmm...yo?.

T: Exacto Juan. Nota cómo el basurero no es modificado por el contenido, simplemente hace espacio a estas experiencias desagradables, que también pueden ir acompañadas por otras agradables. ¿Se te ocurre alguna?

J: Sí, el otro día me sentí muy esperanzado, por un rato.

T: Ok. Y aquí va la esperanza. [Arrojando un pañuelo al basurero] ¿Puedes notar que eres mucho más que el contenido?

J: Sí, se siente raro.

T: ¿Podríamos respirar juntos notando las experiencias que nos acompañan ahora y notar al mismo tiempo que somos mucho más que ellas, que somos dos valientes basureros que las contienen y las integran?

J: ¡Ja, ja, ja! Dale.


## 9.5. Transferir el control relacional a contextos arbitrarios: Utilizando la Matrix sin usar la Matrix

Desvanecer el diagrama visual de la Matrix mientras el entrenamiento progresa es algo que puede ser muy útil para favorecer la generalización de lo aprendido y ayudar al consultante a prestar más atención (orientarse) a claves contextuales sutiles, sin necesidad de visualizar el diagrama. Un paso en este proceso de desvanecimiento implica utilizar las preguntas de la Matrix sin necesidad de dibujarla y luego utilizar palabras en lugar de preguntas. Es importante en este punto no desvanecer las claves visuales demasiado rápido y hacerlo respetando los tiempos de cada consultante.

# Capítulo 10
# Paso 3: Valores y construyendo un plan de acción

En la primera parte de este libro definimos la FP como una manera especial de interactuar con nuestro comportamiento, utilizando un repertorio que permite notar nuestras respuestas y reacciones desde la perspectiva de un yo contenedor de estas experiencias. Dijimos también que esta posición permite una mayor sensibilidad a las múltiples funciones que pueden estar influyendo en nuestro comportamiento, facilitando una acción efectiva orientada a metas valiosas para la vida. Como puedes ver, una vez que hemos practicado suficiente la conducta de notar los múltiples eventos que influyen en nuestro comportamiento estamos más preparados para construir un plan de acción efectiva en términos de aproximarnos a aquello que es más valioso para nosotros.

El trabajo terapéutico involucra entonces debilitar el control discriminativo y motivacional de ciertas experiencias privadas y, a partir de allí, aumentar el control del comportamiento por las funciones apetitivas de aquello que es más importante o significativo para la persona. Como recordarás, el punto de vista del CF involucra un criterio de verdad pragmático, por lo cual en ACT los *valores* y objetivos del consultante son la brújula que permite al clínico establecer si un comportamiento es útil o no.

## 10.1. Trabajando con valores

En capítulos anteriores definimos a los valores como cualidades de acción estables y amplias que, al ser enmarcadas en autorreglas, establecen funciones augmentals apetitivas en la conducta del individuo (Da Silva Ferreira, et al., 2019). En este sentido, también propusimos pensar los *valores* como jerarquías donde las acciones son enmarcadas como parte de esas cualidades de acción. Al coordinar estas jerarquías con el Yo, las funciones apetitivas derivadas transforman las funciones de los comportamientos que forman parte de la jerarquía en reforzadores intrínsecos (Gil-Luciano et al., 2019), permitiendo de esta manera que la persona mantenga un curso de acción aun en presencia de obstáculos o sufrimiento a corto plazo. Este curso de acción involucra un patrón dinámico, flexible y amplio de acciones en constante evolución a las cuales llamaremos acciones comprometidas.

Aún cuando aquello que es más importante para el consultante está presente en  nuestro trabajo con la Matrix desde un primer momento, muchas veces necesitamos un trabajo un poco más focalizado y preciso a medida que el proceso terapéutico avanza. Así, si bien al comienzo del EFP los valores se abordan sin necesidad de buscar demasiados detalles en la respuesta verbal del consultante, en la medida que el consultante avanza en el entrenamiento, podemos intervenir de manera cada vez más precisa y aprovechando todo su poder. A continuación, te presentamos un ejemplo de esta forma de trabajo más focalizada. Hemos denominado a este procedimiento la *Brújula ACT-Matrix*.

Nuevamente, hemos redactado este ejercicio de forma tal que puedas vivenciarlo con tu propia experiencia, pero la idea es que puedas luego utilizarlo con tus consultantes.

## 10.2. Hazlo tú mismo

### 10.2.1. Por donde sale el sol

Cierra tus ojos y haz una respiración profunda. Siente tu cuerpo y cómo cambia con cada respiración. Imagina que en frente tuyo está una persona muy importante para ti. Puede ser un amigo, un familiar o alguien a quien admiras mucho. Tómate tu tiempo. Luego, imagina que esa persona se acerca y te pregunta, susurrándote al oído: "¿Qué es lo más importante para ti en la vida? ¿Cuál es la vida que quieres vivir? ¿Cuál es tu horizonte vital?"

Escribe todo aquello que valorarías si nada pudiera detenerte en tu búsqueda, si no hubiera obstáculos en tu camino. ¿Qué es importante? ¿Hacia dónde te gustaría esforzarte para llegar? Haz una pausa y, con los ojos cerrados, considera tu respuesta, notando que la misma también es importante para la persona que escogiste. Escribe en una hoja tu respuesta.

### 10.2.2. Viajando

Las brújulas que a continuación te presentamos representan cualidades que te gustaría cultivar con relación a diferentes áreas o personas importantes en tu vida (ser un *padre presente*, por ejemplo). Escribe en cada brújula alguna de esas cualidades y luego, haz una marca en la línea horizontal que represente dónde te encuentras hoy con relación a eso. Una "X" en el lado derecho de la línea, indica que eres capaz de moverte hacia esa cualidad importante, aun en presencia de obstáculos internos. Una "X" a la izquierda, indica que aún no eres capaz. Puedes utilizar toda la línea, recordando que cuanto más hacia la derecha hagas la marca, indicará que más estás viviendo de acuerdo a lo que realmente te importa con relación a lo que escogiste. Para una mayor comprensión, en la primera brújula escogimos algo que generalmente es importante para muchos, aunque lo olvidemos. El resto de las brújulas las puedes llenar libremente.

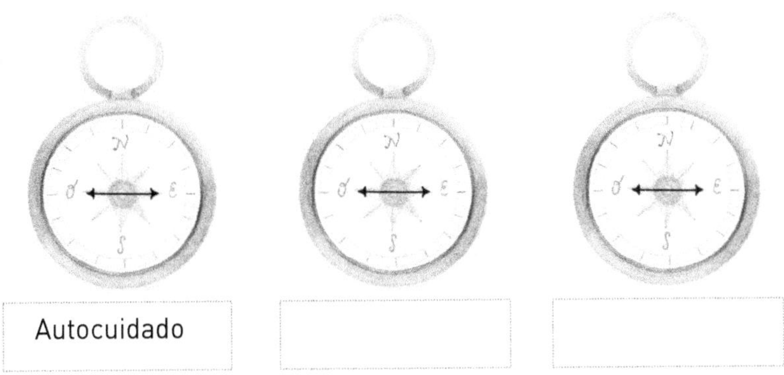



### 10.2.3. Mi Plan de Acciones comprometidas

Ahora que escogiste cualidades importantes vamos a identificar acciones concretas que puedas llevar a cabo en tu vida cotidiana que te aproximen, aunque sea un pequeño paso, a lo importante. Estas acciones pueden ser muy pequeñas e implican estar dispuesto a encontrar algunas tormentas en el camino y llevarlas a cabo, aun en presencia de ellas.

1-
2-
3-

Ahora ya tienes tu plan de acciones comprometidas. Cada día de tu vida es una oportunidad de práctica y la práctica puede ser muy variada. Puedes notar qué sucede cuando miras tu lista (¿Algún obstáculo interno? ¿Algún anzuelo?). Puedes escoger una de estas acciones y notar qué sucede luego de que la llevas a cabo o incluso aprovechar el hecho de no llevarlas a cabo, para notar si aparece algún obstáculo interno en el camino; si son los mismos obstáculos en cada acción o si son diferentes. ¡Recuerda que cualquier cosa que hagas puede ser una buena oportunidad para notar!

A continuación te presentamos un ejemplo clínico de una sesión con Juan. En el mismo verás cómo trabajar lo visto en este capítulo utilizando solamente la conversación terapéutica, es decir, usando la Matrix sin usar la Matrix.

## Ejemplo Clínico

*Elaborando un plan de acción con Juan*

T: Juan, en la sesión de hoy vamos a dedicar un tiempo a hablar un poco más sobre el cuadrante inferior derecho de la Matrix y lo vamos a hacer porque es un cuadrante realmente importante. Tal como venimos trabajando, la FP se trata fundamentalmente de aprender a notar y ya notamos muchas cosas hasta aquí. Notamos tus movimientos de aproximación y de alejamiento, notamos cuando caemos en loops y cuando mordemos anzuelos, y notamos el costo de vivir una vida casi exclusivamente orientada hacia el lado izquierdo. También hablamos sobre cuál era el costo de ello.

J. Sí, que no funciona o funciona a corto plazo.

T: Exacto. Y que al mismo tiempo te alejabas...

J: De lo que es más importante para mí.

T: Perfecto. Es decir que nuestra brújula va a estar siempre orientada hacia aquello que es más importante para nosotros. Ese es nuestro Este.

J: Claro. Mi mamá, José, Yo, tener una novia y la libertad...

T: Así es Juan. Y para nuestro trabajo de hoy te voy a pedir que escojas alguna de esas cosas importantes. Para eso, te propongo que hagamos un pequeño ejercicio de conciencia plena. Voy a invitarte a que tomes una posición digna, como la posición del rey, que te permita estar relajado y despierto, tranquilo y atento... [pausa]. Ahora te invito a que hagas unas diez respiraciones al ritmo que tu cuerpo te pida. Permite que tu atención descanse en la respiración y deja que las experiencias que aparezcan, simplemente aparezcan. Vuelve a tu rol de observador ... [pausa]. Siente tu cuerpo y cómo cambia con cada respiración... [pausa]. Ahora te invito a que imagines que en frente tuyo está una persona muy importante para ti. Puede ser un amigo, un familiar o alguien a quien admiras mucho. Tómate tu tiempo. Ahora imagina que esa persona se acerca y te pregunta, susurrándote al oído: "¿Qué es lo más importante para ti en la vida? ¿Cuál es la vida que quieres vivir? ¿Cuál es tu horizonte vital?

Identifica todo aquello que valorarías si nada pudiera detenerte en su búsqueda, si no hubiera obstáculos en tu camino. ¿Qué es importante? ¿Hacia dónde te gustaría esforzarte para llegar? Haz una pausa y, con los ojos cerrados, considera tu respuesta notando que la misma también es importante para la persona que escogiste. Escribe en esta hoja tu respuesta.

J: Escribí "libertad".

T: Muy bien Juan. Entonces quieres ser una persona libre.

J: Sí... [Se emociona]

T: Puedo ver lo importante que es eso para ti Juan. Vamos a trabajar sobre esa brújula hoy. Si ser una persona libre es tu Este, ¿cuán cerca te sientes ahora del Este, de 1 a 10, donde 1 es "totalmente lejos" y 10 es "totalmente cerca"?

J: Cinco.

T: Bien notado, Juan. Si ser una persona libre es el Este cada día de tu vida es una oportunidad de práctica. La práctica puede ser muy variada pero siempre comienza con un primer paso, no importa si es grande o pequeño, solo que sea un primer paso. Entonces vamos a identificar juntos algunas acciones concretas que puedas llevar a cabo esta semana que te acerquen a ser una persona libre, aunque sea un poco. Estas acciones pueden ser muy pequeñas e implican estar dispuesto a encontrar algunas tormentas en el camino y seguir caminando, aun en presencia de ellas.

J: Mmm. Entiendo. Comenzaría saliendo a tomar una cerveza con José.

T: Excelente. Vamos a anotar eso entonces.

El terapeuta continúa haciendo una lista de acciones, hasta escribir 10 acciones comprometidas. Luego, finalizando la sesión, prosigue de esta manera:

T: Ahora ya tenemos un plan de acción. Cada día de la semana será una oportunidad de práctica. Recuerda que hemos incluido notar anzuelos en esa lista, por lo que siempre tienes la posibilidad de hacerlo. Lo que vamos a hacer ahora es puntuar de 1 a 10 cada acción, en términos de probabilidad de ejecución. Si le ponemos un 10, es que es sumamente probable de hacer. ¿Te parece?

J: Sí, dale. Ir a tomar una cerveza sería un nueve.

El terapeuta continúa puntuando junto a Juan. La idea de la puntuación es poder finalizar con un plan de acción con posibilidades de concreción. De esta manera, si el consultante puntúa con menos de siete alguna acción, suponemos que es poco probable que la lleve a cabo. En ese caso, buscamos una acción más simple y re-elaboramos el plan (Strosahl, 2017; comunicación personal).

# Capítulo 11
# Entrenando la Flexibilidad Psicológica en grupos

Sin duda alguna, la Matrix es una herramienta de gran utilidad para el desarrollo de grupos Prosociales y el fortalecimiento de habilidades en equipos. Dada su versatilidad y simplicidad, la Matrix se convierte en un excelente herramienta para trabajar con grupos. Así, podrías pedirles a algunos miembros del equipo que identifiquen lo que es importante para el grupo, a otros que identifiquen los obstáculos internos y a otros las acciones de alejamiento y las de aproximación. Podrías incluso solicitar a un subgrupo que realice la tarea de clasificación, mientras otro subgrupo "lanza" historias pegajosas. Pueden desarrollarse ejercicios muy interesantes para el fortalecimiento de las relaciones en un grupo.

## 11.1. Colaborando para que otros desarrollen la FP

El EFP puede ser un gran ejercicio para la conformación de equipos. Los grupos pueden unirse para practicar la FP de manera similar a cuando se reúnen para jugar un partido de fútbol o para hacer yoga juntos. Por extraño que pueda parecer, una vez que has realizado algunos entrenamientos de FP en grupos, es algo adictivamente divertido. A continuación, se detallan los pasos para llevar a cabo un entrenamiento en FP exitoso.

Antes de comenzar, recuerda asumir la postura de "distanciamiento" propia de la flexibilidad psicológica. Esta es la postura que deberíamos asumir desde el inicio de cualquier EFP en grupo. La idea es que te veas a ti mismo como un observador de todo el proceso, como si fueses una cámara oculta en el techo. Si bien puede sonar un poco raro adoptar esa postura te permite mantenerte flexible mientras el entrenamiento avanza. Piénsalo un momento. Si llevaras a cabo un EFP asumiendo que "debe hacerse de esta manera y no de otra manera", seguramente estarías rígido y psicológicamente inflexible. Lo que sigue a continuación son algunas pautas adicionales que pueden servirte para saber cómo coordinar el entrenamiento en grupo.

### 11.1.1 Curiosidad

Nada funciona mejor que un poco de curiosidad para motivar a una audiencia para la práctica de la FP y, por eso, el primer paso involucra generar un contexto donde la curiosidad esté presente, tanto en ti mismo como entrenador como en los participantes del entrenamiento. Por ejemplo, lee la siguiente pregunta:

¿Estarías interesado en aprender a vivir una vida más focalizada en moverte hacia lo que es importante para ti y menos en la lucha con el sufrimiento?

Mientras leías la pregunta, ¿notaste algo de curiosidad apareciendo en ti? Si fue así, es comprensible, ya que a la mayoría de las personas les despierta curiosidad saber cómo vivir una vida con significado. Si no fue así, ¿te gustaría saber por qué? Como puedes ver, la curiosidad es algo muy humano y útil en nuestro entrenamiento en FP.

*Me pregunto si la flexibilidad psicológica puede ser útil para tener mejor sexo.*

De nuevo, la curiosidad se hace presente. En todos estos casos, lo que subyace es un genuino interés por aquello que siempre queda por descubrir. Lo mejor es que nunca sabemos qué podemos descubrir, sólo sabemos que la curiosidad puede ayudarnos a explorar allí. Nuevamente, no hay reglas establecidas sobre cómo elicitar curiosidad, sólo es importante tenerla siempre presente en nuestro entrenamiento. Algo así como

*"Me pregunto qué podría provocar algo de curiosidad en este momento."*

### 11.1.2. Calentamiento

De la misma manera que lo hacemos cuando realizamos ejercicios físicos, el calentamiento en grupo puede ser una buena idea cuando entrenamos FP. El calentamiento solo implica invitar a las personas del grupo a prepararse para la experiencia. Esto podemos hacerlo utilizando la línea vertical o la línea horizontal. Puedes elegir lo que sea más útil en el momento.

*Algunas ideas para el calentamiento con la línea vertical:*

- Invita al grupo a notar la diferencia entre la experiencia interna y externa, utilizando un bolígrafo o algún objeto. También puedes utilizar comida o alguna golosina.
- Invita al grupo a escuchar una pieza musical y a notar la diferencia entre los sonidos de la música y la experiencia interna que acompaña esos sonidos (emociones, pensamientos, imágenes y recuerdos)
- Invita al grupo a trabajar en pares. Una persona dice una palabra y la otra escucha, intentando notar la diferencia entre el sonido de la palabra y el significado de la misma. Esto puede ser muy útil si trabajas con psicoterapeutas, ya que mediante este ejercicio puedes entrenarlos en una escucha "mindful".

*Algunas ideas para el calentamiento con la línea horizontal:*

- Invita a las personas del grupo a elegir una dirección de vida valiosa (personas o cosas importantes), de forma tal que puedan experimentar de manera corporizada el movimiento "hacia", mientras están en la sala.
- Invita a las personas del grupo a que se muevan hacia eso, literalmente caminando, hablando, escribiendo, etc. Por ejemplo, la persona puede elegir como dirección valorada la salud. Entonces, puedes pedir que escriban "SALUD" en un pedazo de papel, ponerlo al otro lado de la habitación y luego caminar hacia él, notando cómo se siente realizar este movimiento hacia la salud. Esto puede parecer artificial, pero ha sido útil en nuestros entrenamientos.
- Pide a las personas del grupo (a veces en pequeños subgrupos, para generar un espacio más seguro) que compartan historias en las que se movieron hacia cosas importantes y que recuerden cómo se sintió ese movimiento. Adicionalmente, puedes pedirles que digan cómo se sienten en el momento de compartirlo, como una manera de discriminar las funciones en el momento presente.
- Pide a las personas del grupo (o en pequeños subgrupos) que compartan historias en las que sus conductas fueron mayoritariamente de escape o evitación, y que recuerden cómo se sintió ese movimiento. Adicionalmente, puedes pedirles que digan cómo se sienten al momento de compartirlo, como una manera de discriminar las funciones en el momento presente.
- Pide a las personas que hagan una lista de movimientos de evitación y de movimientos de aproximación a lo largo de su vida. Trabajando en parejas, una persona lee ambas listas en forma sucesiva (la lista de cosas importantes primero), mientras la segunda persona escucha y experimenta las diferencias.

### 11.1.3. Estableciendo el punto de vista

Después de calentar un poco, tú y tu grupo estarán listos para comenzar a clasificar en la Matrix. Recuerda que clasificar es una actividad bastante usual para todos los seres humanos. Estamos acostumbrados a clasificar cosas en categorías. Dale a un humano un montón de basura y verás que le será muy difícil resistir la tentación de clasificarlo en montones de basura diferenciados. Con el propósito de entrenar la FP y siguiendo lo que ya trabajamos en el libro, vamos a invitar al grupo a clasificar la experiencia en las cuatro categorías representadas por los cuadrantes de la Matrix. Una opción es darle a las personas una hoja con una copia del diagrama, pero también puedes hacerlo de muchas otras formas:

1. Puedes dibujarlo sobre una pizarra para que todos lo vean.

2. Puedes proyectarlo en una pared con un proyector.

3. Puedes crear una Matrix en el suelo con las personas de la sala.

4. Podrías dibujar la Matrix en el piso con tiza o cuerda.

5. Podrías escribir el nombre de cada cuadrante en un papel y luego pegar cada uno de ellos en una de las cuatro paredes de la habitación, etc.

Dejaremos la puerta abierta a tu creatividad para que puedas implementar otras formas de utilizar la Matrix. En este capítulo te presentamos como ejemplo la opción 3:

- Puedes utilizar cuatro personas para que cada una represente un cuadrante de la Matrix (Cosas Importantes, Obstáculos Internos, Comportamientos de alejamiento y Comportamientos de aproximación). Luego, puedes pedir a alguien que cuente una historia sobre alguna situación en la que se encuentre atascado y solicitar a otro grupo de personas que haga la clasificación.

— Puedes utilizar cuatro personas para que cada una represente el extremo de cada línea de la Matrix (5 sentidos, Experiencia Interna, Aproximación y Alejamiento) y pedir a una persona que se pare en el medio. Puedes asumir el rol de quien relata una historia, pidiéndole a la persona del medio que clasifique, volteando hacia el punto apropiado (Sensorial, Mental, Aproximación o Alejamiento), según se relate cada elemento de la historia.

Una vez que empieces a realizar este tipo de actividades con grupos de personas descubrirás que el grupo inventará infinitas formas de hacer este ejercicio. Todo lo que necesitas es proporcionarles el punto de vista. La flexibilidad psicológica, la colaboración y la creatividad humana harán el resto.

### 11.1.4. Entrenando solo el eje "Aproximación-Alejamiento"

La Matrix es tan flexible que incluso puedes omitir la línea vertical y solamente enfocarte en el entrenamiento de notar la diferencia entre los comportamientos de Aproximación y Alejamiento. Un ejemplo fácil de esto es alguien que sufre un dolor de cabeza. A muchos de nosotros no nos gustaría dedicar tiempo a notar la diferencia entre la experiencia sensorial y mental del dolor de cabeza. Además, es posible que no tengas tiempo para entrenar este aspecto. En estos casos, puedes comenzar el entrenamiento advirtiendo la diferencia entre Aproximación y Alejamiento.

El entrenamiento en notar la diferencia entre movimientos de Aproximación y Alejamiento puede tener lugar durante períodos sostenidos de tiempo como, por ejemplo, en reuniones mensuales de ventas. El entrenamiento inicial podría parecerse a lo siguiente:

"¿Te gustaría cambiar los comportamientos que utilizas para administrar y aumentar tus ventas? Excelente. Una forma es notar cuándo haces cosas que te mueven hacia las ventas y cuándo haces cosas para alejarte de experiencias internas como el miedo. Ambos tipos de comportamientos pueden funcionar en diferentes situaciones para avanzar hacia las ventas. Por ejemplo, hay momentos en los que es mejor dejar a alguien en paz (Alejarse), cuando tienes la sensación de que no es muy receptivo. El truco sería regresar en un momento posterior (Aproximación), con el propósito de hacer la venta.

Es posible que desees anotar las cosas que puedes hacer para avanzar hacia las ventas y las cosas que haces para alejarte y que, a corto o largo plazo, podrían resultan en menos ventas. No te preocupes, después de un poco de práctica podrás notar fácilmente la diferencia entre aproximarte y alejarte en tus ventas. En nuestra próxima reunión de ventas te preguntaremos qué has notado en términos de movimientos de Aproximación y Alejamiento. Recuerda que incluso si en ese momento te das cuenta de que no hiciste esta tarea aprenderás algo sobre cómo administras tus ventas."

En este ejemplo, los movimientos de Aproximación y Alejamiento se han combinado para trabajar en hacer ventas y avanzar hacia un trabajo valioso. Otro ejemplo podría ser el de un profesional médico que trabaja con un consultante que padece Diabetes tipo II. Es posible que el consultante solo se presente a las citas cada pocos meses, por lo que notar y reportar sus comportamientos de Aproximación y Alejamiento es bastante fácil. El entrenamiento inicial se parecería a esto:

"¿Te gustaría cambiar tus comportamientos con respecto a cómo estás manejando el tratamiento de tu diabetes? Genial. La forma de comenzar es darte cuenta de cuándo estás haciendo las cosas para avanzar hacia un mejor manejo y cuándo haces cosas que te alejan de experiencias internas no deseadas como el miedo. Por ejemplo, puedes elegir cuidadosamente tu comida, como un movimiento de aproximación, o puedes tener miedo a la diabetes y terminar comiendo para no pensar y no sentir ese miedo. El objetivo de este ejercicio es darte cuenta de cuándo haces cada uno de estos tipos de comportamientos.

Es posible que desees anotar las cosas que puedes hacer para avanzar hacia comer mejor y cuidarte, y las cosas que haces para alejarte que resultan en consecuencias que no te permiten avanzar hacia una mejor calidad de vida. No te preocupes, después de un poco de práctica podrás notar fácilmente la diferencia entre aproximarte y alejarte, cuando se trata de un mejor control de tu diabetes.

Cuando vuelvas para tu próxima visita, te preguntaré qué has notado en términos de movimientos de aproximación y de alejamiento. Recuerda, incluso si te das cuenta de que no hiciste esta actividad aprenderás algo sobre cómo manejar tu diabetes".

## 11.2. Trabajando en grupo para resolver problemas en forma creativa y colaborativa

Una vez que sabemos cómo entrenar la FP, estamos mejor preparados para tomar decisiones flexibles en el momento. Sin embargo, muchas veces es útil (y divertido) compartir la flexibilidad con los demás en lo que denominaremos "solución creativa a los problemas". En otras palabras, dado que una mayor FP casi invariablemente conduce al surgimiento de una nueva perspectiva, este entrenamiento puede ser muy útil como una fase inicial de un proceso de Terapia de Resolución de Problemas (TRP, Nezu, Nezu & Lombardo, 2004). La TRP se ha desarrollado desde principios de la década de 1960 y los pasos habituales que se entrenan son los siguientes:

1.  Orientación hacia el problema.

2.  Definición y formulación del problema.

3.  Búsqueda de alternativas.

4.  Toma de decisiones.

5.  Ejecución y verificación de la solución.

Seguramente te habrás dado cuenta que el EFP puede ser una excelente forma de entrenar a los participantes en una adecuada orientación a los problemas, puede ayudar a definir el problema y ser realmente útil a la hora de generar soluciones. De hecho, muchas personas comienzan a generar espontáneamente soluciones cuando hacen los ejercicios de FP. Vale la pena intentarlo la próxima vez que tengas que coordinar un grupo que necesita algunas soluciones creativas.

# Capítulo 12
# Botiquín de emergencia

Una vez que dominas el EFP y sus bases teóricas, tendrás una variedad de alternativas y formas de entrenar y colaborar con otros. El esquema presentado en este libro puede transformarse en una base por dónde empezar pero seguramente encontrarás otras maneras. En este Apéndice te presentamos un resumen del programa desarrollado en este libro y, a continuación, explicamos cómo realizar un entrenamiento en un solo encuentro (para situaciones de urgencia).

## 12.1. Entrenando la FP en cinco sesiones

En la siguiente tabla te resumimos el programa que utilizamos en este libro y el capítulo correspondiente, en caso de que lo necesites.

| Sesión | Actividad en sesión | Actividad semanal | Capítulo |
|---|---|---|---|
| 1 | ✓ Presentando el punto de vista. | Notar lado izquierdo y derecho. | **1 y 7** |
| 2 | ✓ Revisión de la actividad semanal. | Notar *loops*. | **8** |
|  | ✓ Trabajo con el lado izquierdo. Notando *loops* |  |  |

| | | | |
|---|---|---|---|
| 3 | ✓ Revisión de la actividad semanal.<br>✓ Notando anzuelos. | Notar anzuelos y lo que hacemos después. | **9** |
| 4 | ✓ Revisión de la actividad semanal.<br>✓ Notando la experiencia de los cinco sentidos y la experiencia interna.<br>✓ Entrenando el "Yo Notando". | Utilizar las preguntas del "Yo Notando". | **9** |
| 5 | ✓ Revisión de la actividad semanal.<br>✓ Construyendo planes de acción. La brújula. | Realizar alguna de las acciones de la lista y *notar*.<br>*Opcional*: No realizar alguna de las acciones de la lista y *notar*. | **10** |

## 12.2. Entrenando la FP en una sola sesión

Si bien el trabajo con la Matrix puede requerir varias sesiones en algunos contextos podríamos necesitar trabajar en una sola reunión. Dada la versatilidad del modelo, esto también es posible cuando los  contextos nos restringen la posibilidad de poder trabajar en reuniones sucesivas. Así, uno de nosotros tuvo que trabajar con una consultante oncológica en un hospital y solo tuvo la oportunidad de trabajar con ella durante 25 minutos, tiempo suficiente para realizar el EFP en dos simples pasos.

### 12.2.1. Paso 1: Presentar el punto de vista y su utilidad

"Me gustaría presentarte un punto de vista que a menudo utilizamos en nuestro trabajo para aumentar la flexibilidad psicológica y facilitarte el cambio de comportamientos, de forma que puedas acercarte un poco más a ____________".

Nota: el espacio en blanco "______" en la oración se refiere a cualquier dirección importante. Por ejemplo, en el caso de la consultante, el espacio se vinculó a su madre.

Como otro ejemplo, hemos utilizado este programa en entornos educativos, para facilitar el proceso de enseñanza aprendizaje. Así, en la primera clase presentamos el punto de vista y, en este caso, en el espacio en blanco podría leerse "aprendizaje". Sin embargo, cualquier cosa que sea importante para la persona o grupo, como familia, socialización, trabajo, espiritualidad, etc., puede insertarse en el espacio en blanco.

## 12.2.2. Paso 2: Presentar las discriminaciones básicas

"Los comportamientos de Aproximación incluyen cualquier acción que tomes para avanzar hacia cosas importantes como la familia, los amigos, el trabajo y la educación. ¿Recuerdas alguna acción que hayas realizado "con todo tu cuerpo", para moverte hacia tu familia? Por ejemplo, ¿llamar a un miembro de la familia o visitarlo?

De la misma manera, todos realizamos comportamientos para alejarnos de experiencias internas no deseadas. Por ejemplo, comer para alejarnos del hambre, el estrés o la tristeza. Sin embargo, la experiencia más común de la cual intentamos alejarnos es el miedo. ¿Alguna vez te has dado cuenta que estabas alejándote del miedo? [Espera la respuesta] Sí, es muy común alejarse del miedo, porque alejarse del miedo puede mantenernos vivos. Como cuando nos quitamos del camino de un camión que se nos viene encima en la calle. No obstante, a veces el miedo aparece en función de cosas que imaginamos o incluso en relación con otras experiencias internas (como cuando tenemos miedo a una sensación física). ¿Alguna vez te ha ocurrido esto? [Espera la respuesta] Sí, todos lo sentimos y luego hacemos algún comportamiento para alejarnos de él.

Todos realizamos comportamientos de Aproximación y de Alejamiento, e incluso realizamos comportamientos guiados para aproximarnos a cosas que pueden ser atractivas a corto plazo, pero que nos traen problemas a futuro, generando experiencias de las que luego queremos escapar (irnos a una fiesta en lugar de estudiar, por ejemplo). El primer paso para la FP es aprender a notar estos movimientos con relación a _________ (el valor identificado). Recuerda que aprenderás esto, tanto al hacer como al no hacer las actividades asignadas al finalizar este encuentro. Solo aprovecha la oportunidad para notar, mientras haces o no haces la actividad."

### 12.2.3. Paso 3: Presentar los cuadrantes

Considerando que no tenemos mucho tiempo, lo que solemos hacer en estos casos es limitar el número de respuestas potenciales del consultante. Esto es un ejercicio interesante ya que implica que el consultante elija entre sus experiencias. A continuación presentamos una forma de trabajar en este sentido:

*Cuadrante 1.* "Vamos a seguir nuestro entrenamiento trabajando con los cuatro cuadrantes que puedes observar en el diagrama [mostrando la Matrix]. Para empezar te voy a pedir que escojas tres cosas o personas que sean muy importantes para ti hoy [escribir lo escogido].

*Cuadrante 2.* "Ahora te pido que escojas tres experiencias internas que aparecen normalmente en tu vida como obstáculos en tu camino hacia estas cosas importantes que escogiste."

*Cuadrante 3.* "Escoge los tres comportamientos, observables por mí, que realizas con más frecuencia para alejarte de estas experiencias o cuando estas experiencias gobiernan tu comportamiento. ¿Qué es lo que haces para escapar de ellos, qué conductas llevas a cabo?"

*Cuadrante 4.* "Escoge tres cosas que haces o harías para moverte hacia lo que es importante en tu vida, incluso en presencia de estos obstáculos internos. Imagina que tuviésemos una cámara y te filmásemos haciendo esas cosas. ¿Qué cosas podríamos filmarte haciendo?"

### 12.2.4. Paso 4: Practicando Flexibilidad Psicológica durante tu día

"Nuestra actividad para la vida es simplemente notar, en algún momento del día, si nos sentimos más del lado derecho o más del lado izquierdo sin intentar cambiar nada. Recuerda que aprenderás esto tanto al hacer cuanto al no hacer las actividades asignadas al finalizar este encuentro. Solo aprovecha la oportunidad para notar mientras haces o no haces la actividad."

## 12.3. Creando programas de entrenamiento

Como ya señalamos, hay un número infinito de alternativas de entrenamiento. La Matrix es sin duda simple, pero no siempre fácil. Por esto, te recomendamos seguir practicando con este y otros programas hasta que sientas que puedes "danzar" dentro de ella. Polk et al. (2016) han presentado lo que puede considerarse la primera guía clínica de Matrix en la que se presenta un enfoque de seis pasos: este enfoque, en contraste con la descripción más tradicional de ACT, no gira en torno a los seis procesos del Hexaflex sino que utiliza un enfoque escalonado que creemos es útil para fomentar la flexibilidad psicológica. Recomendamos al lector interesado en profundizar en el modelo la lectura de este libro, cuya versión en español será próximamente publicada como parte de esta colección.

# Referencias


Andersson, G. (2010). Foreword to the Swedish Edition. Learning RFT. In N. Tornekë (2010). Learning RFT. An introduction to Relational Frame Theory and its Clinical Application. Oakland: New Harbinger

Assaz, D.A., Roche, B., Kanter, J.W., & Oshiro, C. K. B. (2018). Cognitive Defusion in Acceptance and Commitment Therapy: What Are the Basic Processes of Change? *The Psychological Record, 68*(4), 405-418. https://doi.org/10.1007/s40732-017-0254-z

Atkins, P. W. B. (in press 2013). Empathy, self-other differentiation and mindfulness. In K. Pavlovich & K. Krahnke (Eds.), Organizing Through Empathy. EEUU: Routledge.

Barnes-Holmes, D, Cochrane, A., Barnes-Holmes, Y., Stewart, I & McHugh, L. (2004). Psychological Acceptance: Experimental Analyses and Theoretical Interpretations. International Journal of Psychology and Psychological Therapy, 4 (3), 517-530.

Barnes-Holmes, D. (2018, July 10) The Double Edged Sword of Human Language and Cognition: Shall We Be Olympians or Fallen Angels? [Blog Post] Retrieved from https://science.abainternational.org/the-double-edged-sword-of-human-language-and-cognition-shall-we-be-olympians-or-fallen-angels/rrehfeldtabainternational-org/

Barnes-Holmes, Y., Boorman, J., Oliver, J. E., Thompson, M. McEnteggart, C. Coulter, C. (2018). Using conceptual developments in RFT to direct case formulation and clinical intervention: Two case summaries.Journal of Contextual Behavioral Science, 7, 89-96.

Barnes-Holmes, Y., Hussey, I., McEnteggart, C., Barnes-Holmes, D., & Foody, M. (2016). Scientific ambition: The relationship between Relational Frame Theory and middle level terms in Acceptance and Commitment Therapy. In R. D. Zettle, S. C. Hayes, D. Barnes-Holmes, & A. Biglan (Eds), The Wiley handbook of contextual behavioral science (pp. 365-382), West Sussex, UK: Wiley-Blackwell.

Blackledge, J. T. (2003). An introduction to Relational Frame Theory: Basic and Applications. The Behavior Analyst Today, 3 (4), 421-433.

Cooley, C. H. (1902). Human nature and the social order. New York: Scribner's.

Da Silva Ferreira, T. A., Simões, A. S., Ferreira, A. R., & dos Santos, B. O. S. (2019). What are Values in Clinical Behavior Analysis?. Perspectives on Behavior Science, 1-12.

Foody, M. Barnes-Holmes, Y., Barnes-Holmes, D. Törneke, N. Luciano, C. Stewart I. & McEnteggart, C. (2014). RFT for clinical use: The example of metaphor. Journal of Contextual Behavioral Science, 3 (4), 305-313.

Froján Parga, M. X., Alpañés Freitag, M., Calero Elvira, A. & Vargas de la Cruz, I. (2010). Una concepción conductual de la motivación en el proceso terapéutico. Psicothema.

Gil-Luciano, B., Calderón-Hurtado, T., Tovar, D., S., B. & Ruiz, F. J. (2019). How are triggers for repetitive negative thinking organized? A relational frame analysis. *Psicothema, 31* (1), 53-59

Gil-Luciano, B., Ruiz, F. J., Valdivia-Salas, S., & Suárez-Falcón, J. C. (2017). Promoting psychological flexibility on tolerance tasks: Framing behavior through deictic/hierarchical relations and specifying augmental functions. *The Psychological Record, 67*(1), 1-9.DOI 10.1007/s40732-016-0200-5

Gómez-Martín, S., López-Ríos, F., Mesa-Manjón, H. (2007) Teoría de los marcos relacionales: algunas implicaciones para la psicopatología y la psicoterapia. International Journal of Clinical and Health Psychology, 7 (2), 491-507

Hayes, S.C. & Quiñones, R.M. (2005). Características de las Operantes Relacionales. Revista Latinoamericana de

Psicología, 37 (2), 277-289.

Hayes, S. C., & Wilson, K. G. (1993). Some applied implications of a contemporary behavior-analytic account of verbal events. The Behavior Analyst, 16(2), 283.

Hayes, S.C. & Wilson, K. (1995). The role of cognition in complex human behavior: a contextualistic perspective. Journal of behavior therapy and experimental psychiatry, 26 (3), 241-248.

Hayes, S. C. & Wilson, K. (2003). Mindfulness, Method and Process. Clinical Psychology: Science and Practice, 10 (2), 161-165.

Hayes, S. C., Brownstein, A. J., Haas, J. R., & Greenway, D. E. (1986). Instructions, multiple schedules, and extinction: Distinguishing rule-governed from schedule controlled behavior. Journal of the Experimental Analysis of Behavior, 46, 137–147

Hayes, S. C., Hayes, L. J., Reese, H. W., & Sarbin, T. R. (Eds.). (1993). Varieties of scientific contextualism. Reno, NV, US: Context Press.

Hayes, S. C., Masuda, A., & De Mey, H. (2003). Acceptance and Commitment Therapy and the third wave of behavior therapy (Acceptance and Commitment Therapy: een derde-generatie gedragstherapie).Gedragstherapie (Dutch Journal of Behavior Therapy), 2, 69-96.

Hayes, S. C., Strosahl. K. D. & Wilson, K. (1999). Acceptance and Commitment Therapy. An experiential approach to behavior change. EEUU: Guiford.

Hayes, S. C., Strosahl. K. D. & Wilson, K. (2014) Terapia de Aceptación y Compromiso: Proceso y Práctica del Cambio Consciente (Mindfulness). España: Desclee de Brouwer

Hayes, S. C., Zettle, R. D.,& Rosenfarb, I. (1989). Rule following. In S. C. Hayes (Ed.), Rule-governed behavior: Cognition, contingencies, and instructional control (pp. 191–220). New York: Plenum.

Hayes, S. C. & Pankey, J. (2003). Acceptance. In W. O' Donohue, J. Fisher, and S.C. Hayes (eds.). Cognitive behavior therapy: Applying empirically supported techniques in your practice. NewJersey: John Wiley & Sons.

Hayes, S.C., Wilson, K. G., Guifford, E. V., Follete, W. M., & Strosahl, K. D. (1996) Experiential avoidance and behavioral disorders: A functional dimensional approach to diagnosis and treatment. Journal of Consulting and Clinical Psychology, 64. 1152-1168. doi: 10.1037//0022-006x.64.6.1152

Kohlenberg, R. J. &Tsai, M. (2001). Hablo luego existo. Una aproximación conductual para entender los problemas del Yo. Escritos de Psicología, 5, 58-62.

Luciano C, Valdivia-Salas S, & Ruiz FJ (2012). The self as the context for rule-governed behavior. In L McHugh & I Stewart (Eds.) The self and perspective taking: research and applications (pp. 143-160). Oakland, CA: Context Press.

Luciano, C. (2016). Evolución de ACT. Análisis y Modificación de Conducta, 42 (165-166), 3-14

Luciano, C. (2017). The self and responding to the own's behavior. Implications of coherence and hierarchical framing. International Journal of Psychology and Psychological Therapy, 17, 267-275.

Luciano, M. C., Gómez, I., and Rodríguez, M. (2007). The role of multiple-exemplar training and naming in establishing derived equivalence in an infant. Journal of Experimental Analysis of Behavior 87: 349-365.

Luciano, M. C., Valdivia-Salas, S., Berens, N. M., Rodríguez-Valverde, M., Mañas,I. y Ruiz, F. J. (2009). Acquiring the earliest relational operants. Coordination, difference, opposition, comparison, and hierarchy. En R. A. Rehfeldt y Y. Barnes-Holmes (Eds.), Derived Relational Responding. Applications for learners with autism and other developmental disabilities (pp. 149-170). Oakland, CA: New Harbinger

McHugh, L., Barnes-Holmes, Y., & Barnes-Holmes, D. (2004b). Understanding perspective-taking, false belief, and deception from a behavioural perspective. The Irish Psychologist, 30, 142–147.

McHugh, L., Barnes-Holmes, Y., & Barnes-Holmes, D. (2009). Understanding and training perspective taking as relational responding. In R. A. Rehfeldt & Y. Barnes-Holmes (Eds.), Derived relational responding: Applications for learners with autism and other developmental disabilities. Oakland, CA: New Harbinger Publications

Michael, J. (1982). Distinguishing between discriminative and motivational functions of stimuli. Journal of the Experimental Analysis of Behavior, 37(1), 149-155.

Michael, J. (1993). Establishing operations. Behavior Analyst,

16(2), 191-206.

Nezu, A. M., Nezu, C. M., y Lombardo, E. (2004). Formulación de casos y diseño de tratamientos cognitivo conductuales. Un enfoque basado en problemas. México: Manual Moderno

Pankey, J. & Hayes, S. C. (2003). Acceptance and Commitment Therapy for Psychosis.International Journal of Psychology and Psychological Therapy, 3 (2), 311-328.

Pepper, S. C. (1970) World Hypotheses. University of California Press. London: England

Piaget, J. (1991). Seis estudios de Psicología. Barcelona: Editorial Labor.

Polk & Schoendorff (2014). The ACT Matrix. A new Approach to Building Psychological Flexibility Across Settings & Populations. California: New Harbinger.

Polk, K. L., Schoendorff, B., Webster, M., & Olaz, F. O. (2016). The essential guide to the ACT Matrix: A step-by-step approach to using the ACT Matrix model in clinical practice. New Harbinger Publications.

Ramnero, J., & Törneke, N. (2008). The ABCs of human behavior: Behavioral principles for the practicing clinician. New Harbinger Publications.

Reyes Ortega, M. A. & Kanter, J. W. (2018). Psicoterapia Analítica Funcional. Una guía clínica para usar la interacción terapéutica como mecanismo de cambio. Córdoba: Brujas

Roche, B., Barnes-Holmes, Y., Barnes-Holmes, D., Stewart, I. & O'Hora, D. (2002). Relational frame theory: A new paradigm for the analysis of social behavior. The Behavior Analyst, 25, 75-91.

Ruiz, F. J, Riaño Hernández, D., Suárez Falcón, J. C., Luciano, C. (2016) Effect of a One-Session ACT Protocol in Disrupting Repetitive Negative Thinking: A Randomized Multiple-Baseline Design. International Journal of Psychology and Psychological Therapy, 16 (3), 213-233

Ruiz, F.J., García-Beltrán, D. M., Monroy-Cifuentes, A. & Suárez-Falcón, J.C. (2019). Single-case experimental design evaluation of RNT-focused acceptance and commitment therapy in GAD with couple-related worry. International Journal of Psychology and Psychological Therapy, 19 (3), 261-276.

Sandoz, Wilson & Dufrene, 2010). Acceptance and Commitment Therapy for Eating Disorders. A Process-Focused Guide for

Treating Anorexia and Bulimia. California: New Harbinger

Sidman, M. (1994). Equivalence relations and behavior: A research history. Boston, MA: Authors Cooperative.

Skinner, B. F. (1953) *Science and Human Behavior*. New York: The Free Press.

Skinner, B. F. (1957) *Verbal Behavior*. New York: Appelton-Century-Crofts.

Skinner, B. F. (1976) *About Behaviorism*. New York: Vintage.

Törneke, N. (2010). Learning RFT. An introduction to Relational Frame Theory and its Clinical Application. California: New Harbinger

Törneke, N. (2017). Metaphor in Practice. A professional's Guide to Using the Science of Language in Psychoterapy. EEUU: New Harbinger Publications

Törneke, N., Luciano, C. & Valdivia Salas, S. (2008). Rule-Governed Behavior and Psychological Problems. International Journal of Psychology and Psychological Therapy, 8 (2), 141-156

Törneke, N., Luciano, C., Barnes-Holmes, Y., & Bond, F. (2016). RFT for clinical practice: Three core strategies in understanding and treating human suffering. In R. D. Zettle, S. C. Hayes, D. Barnes-Holmes, & A. Biglan (Eds.), The Wiley handbook of contextual behavioral science (pp. 254–273). New York: Wiley Blackwell.

Villate, M., Villate, J. L. & Hayes, S.C. (2017)  A Reticulated and Progressive Strategy for Developing Clinical Applications of RFT. Psychological Records. DOI 10.1007/s40732-017-0251-2

Villatte, M., Villatte, J. L. & Hayes, S. C. (2015). Mastering the Clinical Conversation. Language as Intervention. New York: The Guilford Press.

Virués Ortega, Javier; Descalzo Quero, Alberto; Venceslá Martínez, José Fernando (2003). Aspectos funcionales de la psicoterapia analítico funcional. Revista de la Asociación Española de Neuropsiquiatría, Diciembre-Sin mes, 49-69.

Wilson, K.G. & Hayes, S.C. (1996). Resurgence of derived stimulus relations. Journal of Experimental Analysis of Behavior, 66, 267-281.

Wray A. M., Dougher M. J., Hamilton D. A., & Guinther P. M. (2012).Examining the reinforcing properties of making sense: a preliminary investigation. *The Psychological Record, 62*, 599–622

Impreso por Editorial Brujas • marzo 2021 • Córdoba–Argentina